Friedrich Preußen

Über die deutsche Litteratur

Friedrich Preußen

Über die deutsche Litteratur

ISBN/EAN: 9783744697231

Hergestellt in Europa, USA, Kanada, Australien, Japan

Cover: Foto ©ninafisch / pixelio.de

Weitere Bücher finden Sie auf **www.hansebooks.com**

Ueber die deutsche Litteratur.

König Friderich,

Jerusalem, Tralles.

München,
verlegt von Joh. Baptist Ströbl.
1781.

Vorrede.

Ich glaube, dem Publikum einen angenehmen Dienst zu erweisen, da ich ihm in
einer Sammlung die nachstehende Schriften mittheile, welche sowohl wegen ihren
Verfaßern, als dem innern Innhalt äuß-

ferst

serst merkwürbig , und schätzbar sind.
Ich wünsche, daß dieß ein Mittel seyn
möchte, die Aufmerksamkeit derjenigen re-
ge zu machen, welche bisher über alles,
was man Litteratur nennt, gar nicht
nachgedacht, oder dieselbe für eine zierli-
che, und an sich sehr entbehrliche Eigen-
schaft angesehen haben; ein schändlicher
Schlummer, und ein eben so schädlicher
Irrthum , dessen verständige Männer
nicht ohne Kummer erwähnen; denn so
lange man gelehrt seyn zu können glaubt,
ohne Litteratur zu besitzen, so lange der
Geist dieser letzten sich nicht über unser

Geschäft verbreitet, und ordnet, und ausführt, so lange werden wir es denen nie gleich thun, deren Aufnahm, Glanz und Stärke uns ihre Maaßregeln, aber vergeblich zum Muster macht, da wir selbst aus der Quelle ihrer Gedanken nicht schöpfen,

Soll der Mensch in seinen Geschäften, zumal, wo sie von den Buchstaben abhängen, nicht bald müde und verdrüßlich werden, und auf gewiße Weise anfangen mechanisch zu handeln: so soll immer etwas in ihm zugegen seyn, das ihm bey allen Geschäften vorangeht.

Was

Vorrede.

Was nun aber die großen Verfaß
ser dieser Schrift betrift; so möchte ich
gerne wissen, was diejenigen, die zwar
müßig und frey genug sind, um von 24
Stunden (den Schlaf weggerechnet) noch
sechs bis acht täglich in Gesellschaften,
beym Spiele, und Trinkgelagen zuzu-
bringen, aber stets zu beschäftiget seyn
wollen, wenn man ihnen zumuthet, daß
sie etwas lesen sollten, zu ihrer Entschul-
digung sagen mögen, nachdem die be-
schäftigste, größte Seele in Deutschland,
und die folgenden zween großen Greisen
Zeit genug gefunden haben, um von der

deut-

deutschen Litteratur auf eine Art zu streiten, wie man es nicht thun kann, ohne
sich lange, und ernsthaft mit selber ab-
gegeben zu haben. Wenn einmal in
den Kreisen unsers gesellschaftlichen Um-
ganges Dinge dieser Art vorkommen,
wenn der denkende Kopf sprechen darf,
dann erst läßt sich hoffen, daß alle Arten guter, und schöner Begriffe hervor-
gehen, und die wahren Kenntnisse über
die wichtigsten Angelegenheiten ihr Haupt
empor heben werden.

Meine Absicht war zu diesem großen
Zweck etwas beyzutragen, um dadurch,

daß

Daß ich meinen Landesleuten diese drey Schriften auf die bequemste Art in die Hand liefere, das Nachdenken demselben über ihren Innhalt zu veranlassen.

Verleger.

Ueber die deutsche Litteratur; die Mängel, die man ihr vorwerfen kann; die Ursache derselben; und die Mittel sie zu verbessern.

Sie wundern sich, mein Herr, daß ich immer noch nicht meine Stimme mit der Ihrigen vereinigen will, um den Fortschritten, welche nach Ihrem Urtheil, die deutsche Litteratur fast täglich macht, Beyfall zu geben. Ich liebe unser gemeinschaftliches Vaterland so sehr wie Sie; aber gerade eben dieses ist mir ein Beweggrund, ihm nicht eher Lob zu bewilligen, bis es sich desselben würdig gemacht hat. Man erklärt nicht einen Mann für Sieger, der noch mitten in der Laufbahn ist, es zu werden. Ich erwarte, daß er das Ziel wird erreicht haben, und dann wird mein Beyfall eben so aufrichtig, als gerecht seyn.

Sie wissen, daß in der gelehrten Republik eine vollkommene Freyheit der Meynungen herrscht. Sie

se-

ſehen die Gegenſtände aus einem, ich aus einem andern Geſichtspunkt. Erlauben Sie alſo, daß ich mich erkläre, und Ihnen meine Art zu denken, ſo wie meine Ideen über die alte und neue Litteratur, genauer entwickele. Ich werde ſie in Abſicht der Sprachen, der Wiſſenſchaften und des Geſchmacks betrachten. Ich mache mit Griechenland, dieſer Wiege der ſchönen Künſte, den Anfang. Die Sprache der griechiſchen Nation iſt die harmoniſchſte von allen, welche je geredet worden. Ihre erſten Theologen und Geſchichtſchreiber waren Dichter. Dieſe brachten glückliche Wendungen in ihre Sprache, wurden Schöpfer einer Menge mahleriſcher Ausdrücke, und für alle ihre Nachfolger, Lehrer der Kunſt, ſich mit Anmuth, Feinheit und Würde auszubrücken.

Ich gehe von Athen nach Rom über, und finde hier eine Republik, welche zuerſt lange Zeit mit ihren Nachbarn krieget, und dann für die Ehre und die Vergröſſerung ihres Reichs kämpft. Alles in dieſem Staat war Nerve und Kraft, und nicht eher, bis Roms Nebenbuhlerin, Carthago, zerſtört war, fanden hier die Wiſſenſchaften Eingang. Der große Scipio der Afrikaner, der Freund des Lälius und Polibius, war der erſte Römer, der die Wiſſenſchaften beſchützte. Dann folgten die Gracchen; dann Antonius und Craſſus, zwey berühmte Redner ihrer Zeit. Doch gelangten die Sprache und der Styl der römiſchen Beredſamkeit nicht eher zu ihrer Reife, als zu den Zeiten des Cicero, des Hortenſius, und der vortrefflichen Genies, welche die Zierde der Regierung Auguſts waren.

Dieſe kurze Ueberſicht bezeichnet mir den natürlichen Gang der Litteratur. Ich bin überzeugt, daß
kein

kein Schriftsteller gut in einer Sprache schreiben köne, die noch nicht ausgebildet und verfeinert ist. Ich sehe auch, daß man in allen Ländern mit dem Nothwendigen anfängt, und erst nachher das Angenehme hinzufügt. Die römische Republik fängt damit an, sich zu bilden; dann kämpft sie, um Länder zu bekommen; dann sucht sie dieselben anzubauen; und nicht eher, bis sie nach den Punischen Kriegen, eine feste und dauerhafte Verfassung erhalten, entsteht der Geschmack für die Künste, urd gelangt die lateinische Sprache und Beredsamkeit zu einiger Vollkommenheit. Ich bemerke aber hiebey, daß zwischen dem Zeitalter des ältern Scipio und dem Consulat des Cicero sich ein Zeitraum von hundert und sechzig Jahren befindet. Ich schließe hieraus, daß die Fortschritte zur Vollkommenheit in allen Dingen, langsam sind, und daß der Kern, den man in die Erde pflanzt, erst Wurzel fassen, hervorkeimen, seine Zweige ausbreiten, Kraft und Stärke gewinnen müsse, ehe er Blumen und Früchte hervorbringen könne. Ich beurtheile dann Deutschland nach diesen Regeln, um den Standpunkt, in welchem wir uns itzt wirklich befinden, mit Billigkeit zu bestimmen; ich befreye mich von allen Vorurtheilen und lasse mich blos von der Wahrheit leiten. Und nun finde ich eine noch halbbarbarische Sprache, in so viele verschiedene Dialekte vertheilt, als Deutschland Provinzen hat. Jeder Kreiß hält sich überzeugt, seine Sprache sey die wahre ächte und deutsche. Wir besitzen noch keine von der ganzen Nation gebilligte Sammlung, in der man alle Worte und Redensarten fände, nach denen man die Reinigkeit der Sprache sicher beurtheilen könnte. Was man in Schwaben schreibt, ist in Hamburg kaum verständlich; und der österreichische Styl ist für die Sachsen dunkel. Es ist also physisch unmöglich, daß

auch

auch ein Schriftsteller von dem größten Geist, diese
noch ungebildete Sprache vortrefflich behandeln könne.
Verlangt man vom Phidias eine Venus von Gni-
dus; so muß man ihm einen Marmor ohne Fehler,
feine Meißel und gute Grabstichel geben. Nur dann
darf man von seiner Arbeit etwas erwarten; aber ohne Werkzeuge läßt sich kein Künstler denken. Man
könnte mir vielleicht den Einwurf machen, daß auch
die griechischen Republiken ehemals eben so viele verschiedene Dialekte hatten, als wir; und daß man noch
izt das Vaterland eines Italiäners an seinem Styl
und seiner Aussprache erkennen könne, die immer in
einem Lande anders sind, als in dem andern. Ich
zweifle an der Richtigkeit dieser Behauptungen gar
nicht; aber sie dürfen uns nicht abhalten, den fernern
Fortschritten der Litteratur im alten Griechenland und
im neuern Italien, weiter nachzngehen. Die berühmten Dichter, Redner und Geschichtschreiber dieser Länder setzten die Sprache derselben durch ihre Schriften
fest. Das Publikum nahm nach einer stillschweigen-
den Uebereinstimmung, die Wendungen, Phrasen
und Metaphern, als die besten und richtigsten an,
welche jene große Künstler in ihren Werken gebraucht
hatten. Ihre Ausdrücke wurden nach und nach allgemein ausgebreitet, und die Sprachen wurden durch
sie verschönet, veredelt und bereichert.

Werfen wir nnn wieder einen Blick auf unser
Vaterland, so finden wir ein Gewirre von Sprache,
ohne alle Anmuth, das jeder nach seinen Einfällen
behandelt. Man kennt hier keine Wahl der Ausdrücke, man vernachläßigt die eigentlichsten und aus-
drückendsten Worte; und man verschwemmt oft allen Sinn und Gedanken in einem Meer von Episo-
den. Ich gebe mir alle Mühe; um unsere Homere,
                                                unsere

unsere Virgile , unsere Anacreons, unsere Horaze, unsere Demosthene, unsere Cicerone, unsere Thucy- dibes, unsere Livius, auszuforschen; aber ich finde sie nirgend , alle meine Mühe ist umsonst. Ich dächte also, wir wären aufrichtig, und gestünden nur ehrlich, daß bis izt die schönen Wissenschaften in un- serm Boden , noch nicht haben gedeihen wollen. Deutschland hat Philosophen gehabt, welche die Ver- gleichung mit den Alten aushalten, und sie sogar in mehr als einer Gattung übertreffen. Ich werde auch hierauf nachher noch zurück kommen. Aber in Absicht der schönen Wissenschaften müssen wir unsre Dürftigkeit nur gestehen. Alles was ich Ihnen, oh- ne mich zum Schmeichler meiner Landsleute zu ernie- drigen, zugestehn kann, ist, daß wir in der kleinen Gattung der Fabel einen Gellert gehabt haben, der sich neben Aesop und Phädrus gesetzet. Die Ge- dichte des Canitz sind erträglich , aber nicht von Seiten der Sprache, sondern mehr, weil er, jedoch nur schwach, den Horatz nachahmt. Ich will auch die Jdyllen des Gesner nicht ganz übergehen , die einige Vertheibiger haben; aber ich muß mir doch die Erlaubniß ausbedingen, ihnen die Werke des Ti- bull, Catull, und Properz vorzuziehn. Wenn ich die Geschichtschreiber durchgehe, finde ich nur die deutsche Geschichte von Mascow, welche am we- nigsten fehlerhaft ist. Und erwarten Sie wohl im Ernst, daß ich Ihnen vom Verdienst unsrer Red- ner etwas sagen soll? Ich wüßte Ihnen wenigstens keinen zu nennen, als den berühmten Quandt zu Königsberg, der die seltnere und in seiner Art einzige Gabe besaß, seine Sprache harmonisch zu machen, und ich muß leider! zu unsrer Schande hinzusetzen, daß dieses Verdienst gar nicht erkannt worden, und seinen Namen nicht berühmt gemacht habe. Und wir

kann

kann man auch verlangen, daß die Menschen sich be-
eifern sollen, jeder in seiner Art vollkommen zu wer-
ben, wenn der Ruhm nicht ihre Belohnung ist? In-
beß will ich zu den Herrn, die ich genannt habe, noch
einen Ungenannten hinzusetzen, von dem ich reimlose
Verse gesehn habe; die Cadenz und Harmonie derselben entstand aus der Abwechselung der Dactylen
und Spondäen; sie waren voll von Verstand; und
mein Ohr wurde sehr angenehm durch einen Wohllaut der Töne geschmeichelt, dessen ich unsre Sprache
kaum fähig geglaubt hatte. Ich möchte behaupten,
daß diese Art von Versification sich am besten für
unsre Sprache schicke, und sehr große Vorzüge vor
dem Reim habe. Wollte man sich Mühe geben, sie
dadurch vollkommener zu machen; so würde man es
wahrscheinlich hierinn weit bringen.

Vom beutschen Theater möchte ich Ihnen lieber gar nichts sagen. Die Melpomene ist bey
uns von sehr seltsamen Leuten verehret worden; einige traben auf hohen Stelzen einher, andre kriechen
im Staube; alle übertreten die Regeln der Kunst,
können daher nicht interessiren und rühren, und müssen von den Altären der tragischen Muse verwiesen
werden. Die Liebhaber der Thalia sind etwas glücklicher gewesen; sie haben uns wenigstens eine wahre
und originelle Comödie geliefert, ich meyne den Postzug. Der Dichter dieses Stücks hat unsre Sitten
und unser eigenthümliches Lächerliche auf das Theater gebracht. Das Stück ist sehr gut gemacht, und
Moliere selbst hätte den Gegenstand desselben nicht
glücklicher bearbeiten können. Es thut mir leid, daß
ich Ihnen nicht eine größre Menge unsrer guten Pro-
bukte aufzählen kann. Ich mache beshalb der Nation keine Vorwürfe; es fehlt ihr nicht an Genie und

Geist

Geist. Aber gewisse Ursachen haben sie zurückgehalten und verhindert, sich zu gleicher Zeit mit ihren Nachbarn zu erheben. Lassen sie uns bis zu der Wiederauflebung der Wissenschaften zurückgehn, und die verschiedene Lage gegen einander halten, in der sich Italien, Frankreich und Deutschland, zur Zeit dieser Revolution des menschlichen Geistes befanden.

Sie wissen, daß die Wissenschaften zuerst in Italien wieder gebohren wurden, wo das Haus Este, die Medicis und der Pabst Leo X. sie beschützten und ihre Fortschritte begünstigten. Zu eben dieser Zeit, da Italien verfeinert wurde, war Deutschland, durch die Zänkereyen der Theologen, in zwey Partheyen getheilt, deren jede durch erbitterten Haß gegen die andere, und durch fanatischen Enthusiasmus, sich auszeichnete. In Frankreich bemühte sich dagegen Franz I. mit Italien den Ruhm der Wiederherstellung der Wissenschaften zu theilen. Aber seine Mühe war vergeblich, sie in sein Vaterland herüberzubringen. Die französische Monarchie befand sich damals in einem Zustande der Ermattung, erschöpft durch die Loskaufung ihres Königs von Carl V. Die Kriege der Ligue hinderten nach Franz I. Tode, die Franzosen, sich mit den schönen Künsten zu beschäftigen. Nicht eher als gegen das Ende der Regierung Ludwig XIII. da die Wunden der bürgerlichen Kriege geheilt und die Zeitumstände, unter dem Cardinal Richelieu, günstiger waren, kam man auf den Plan Franz I. zurück. Der Hof ermunterte die Gelehrten und die schönen Geister, die Nacheiferung ward allgemein, und es dauerte nicht lange, so gab unter Ludwig XIV. Paris weder Rom noch Florenz etwas nach. Und nun, wie sahe es um diese Zeit in Deutschland aus? Gerade damals, wie Richelieu sich den ho-

hen

hen Ruhm erwarb, seine Nation zu bilden, wühtete
der dreyßigjährige Krieg in seinem grbßten Feuer.
Deutschland wurde durch zwanzig verschiedne Armeen
verwüstet und geplündert, die Sieger oder Besiegte,
allemal die Zerstörung hinter sich führten. Das Land
wurde verwüstet und nicht wieder angebauet, die
Städte beynahe ganz verlassen. Auch nach dem west-
phälischen Frieden hatte Deutschland noch nicht Zeit
sich wieder zu erholen. Bald mußte es der damals
sehr furchtbaren Macht des ottomannischen Reichs wi-
derstehen; bald gegen die französischen Armeen käm-
pfen, welche die Herrschaft ihres Reichs über Deutschland auszubreiten suchten. Zu eben der Zeit, als
die Türken Wien belagerten, Melak die Pfalz ver-
wüstete, wo Städte und Dörfer von den Flammen
verzehret wurden, und wo selbst die sonst heilige Frey-
statt des Todes durch die ausgelassene Frechheit der
Soldaten verletzt wurde, welche, die Leichname der
Churfürsten aus ihrer Gruft hervorzogen, um ihre
elende Ueberbleibsel sich zuzueignen; wo verlassene
Mütter mit ihren abgezehrten Kindern auf dem Arm,
sich aus den Trümmern ihres Vaterlandes retteten:
zu eben dieser Zeit, darf man nicht erwarten, daß man
zu Wien und Manheim, Sonnets verfertigt und sich
mit witzigen Epigrammen beschäftigt habe. Die Musen verlangen ruhige Zufluchtsorte; sie fliehen die Gegenden, wo die Verwirrung herrscht und alles zerstört wird. Erst nach dem spanischen Successionskrie-
ge fieng man an einigermassen wiederherzustellen, was
so vieles auf einander folgende Elend vernichtet hatte.
Nicht also dem Geiste und Genie der Nation muß
man die schwachen Fortschritte, die wir bisher gemacht,
beymessen; sondern wir müssen die Ursache derselben
allein in einer Folge trauriger Umstände, in den fast
unaufhörlichen Kriegen suchen, die unser Vaterland

 zer-

zerſtörten, und eben ſo arm an Menſchen, als an
Gelde, machten.

Laſſen Sie uns den Faden der Begebenheiten
nie aus den Augen verlieren, ſondern itzt den Gang
unſrer Väter beobachten. Sie werden mit mir die
Weisheit loben, die ihr Betragen leitete. Sie han-
delten gerade ſo, wie es der Lage, in der ſie ſich
befanden, angemeſſen war. Sie fiengen an, ſich
auf den Landbau zu legen, und aus Feldern, zu
deren Bearbeitung bisher keine Hände da waren,
einen neuen Werth zu ziehen. Sie ſtellten die zerſtörten Häuſer wieder her; ſie begünſtigten die Fort-
pflanzung und Vermehrung des menſchlichen Geſchlech-
tes. Man iſt allenthalben bemüht geweſen, wüſte
und verlaſſene Länder wieder urbar zu machen; die
vermehrte Bevölkerung hat Induſtrie hervorgebracht;
auch der Luxus hat ſich bey uns eingefunden, ein
Verderben für kleine Staaten, aber nützlich für die
großen, in denen er die Cirkulation des Geldes be-
fördert. Durchreiſen Sie jetzt einmal Deutſchland
von einer ſeiner Gränzen bis zur andern; allenthalben finden ſich ehemalige Flecken in blühende Städte verwandelt. Hier liegt Münſter, etwas weiter
hin Caſſel; hier Dresden und Leipzig. In Franken
finden Sie Würzburg, Nürnberg. Wenn Sie ſich
dem Rhein nähern, kommen Sie über Fulda und
Frankfurt am Mayn, nach Manheim, vor da zurück über Mainz nach Bonn. Jede dieſer Städte
ſtellt dem erſtaunten Reiſenden Gebäude dar, die er
an der Stelle des ehemaligen hercyniſchen Wal-
des nicht vermuthet hätte. Die nämliche Thätigkeit
unſrer Landsleute begnügte ſich alſo damit nicht, nur
blos den Verluſt zu erſetzen, den das öffentliche Unglück verurſacht hatte; ſie erhob ſich weiter und brachte
das

das zur Vollkommenheit, wovon unsre Vorfahren
nur die ersten Entwürfe versucht hatten. Seit der
Zeit dieser glücklichen Veränderungen sehen wir den
Wohlstand weit allgemeiner werden. Der niedere
Stand des Landmanns und Bürgers schmachtet nicht
mehr in einer schändlichen Unterdrückung; Väter können itzt ihre Söhne den Wissenschaften widmen, ohne sich zu verschulden. Dieß sind die Erstlinge der
glücklichen Revolution, die wir noch zu erwarten haben; itzt sind die Bande, welche das Genie unsrer
Vorfahren fesselten, zerbrochen; schon bemerkt man,
wie der Saame einer edeln Nacheiferung unter uns
zu keimen anfängt. Wir schämen uns, in gewissen
Gattungen noch nicht mit unsern Nachbarn uns vergleichen zu dürfen: wir wünschen mit unermüdeten
Arbeiten die Zeit wieder zu gewinnen, die wir durch
unsre Widerwärtigkeiten verloren haben. Ueberhaupt
ist jetzt der Geschmack der Nation so eifrig auf alles
gerichtet, was unser Vaterland berühmt machen kann,
daß man bey diesen Gesinnungen gar nicht zweifeln
darf, die Musen werden auch uns zu seiner Zeit in
den Tempel des Ruhms einführen Wir wollen also untersuchen, wie das noch übrig gebliebene Un-
kraut der Barbarey aus unserm Boden völlig auszurotten seyn möchte, und was noch zu thun wäre,
um die Vollkommenheit zu beschleunigen, zu der
sich unsre Landsleute zu erheben wünschen. Ich wie-
derholle, was ich Ihnen schon gesagt habe; man
muß damit anfangen die Sprache zu verbessern. Sie
muß noch gefeilt, abgehobelt, und durch geschickte
Hände bearbeitet werden. Deutlichkeit ist die erste
Regel, welche alle, die reden und schreiben, beobachten müssen, weil ihre Absicht ist, die Gedanken
und Begriffe zu malen, und durch Worte auszudrücken. Wozu dient es, die richtigsten, stärksten
unb

und glänzendsten Ideen zu denken, wenn man sie
nicht verständlich ausdrücken kann? Vielen von un=
sern Schriftstellern gefällt ein verworrner Styl; sie
schließen eine Parenthese in die andere, und oft fin=
det man erst am Ende einer Seite das Wort, von
welchem der Sinn der ganzen Periode abhängt. Nichts
verwirret die Konstruktion mehr; anstatt reich zu seyn,
ist man nachläßig, und es würde leichter seyn, das
Räthsel des Sphynx aufzulösen, als ihre Gedanken.
Eben so schädlich für die Fortschritte der Wissen=
schaften, als die Fehler, welche ich unsrer Sprache
und unserm Styl vorgeworfen, ist der Mangel eines
gründlichen Studirens. Man hat unserer Nation
ehemals Pedanterie vorgeworfen, weil wir eine Men=
ge Commentatorn, und gar zu sorgfältige Untersu=
cher von Kleinigkeiten unter unsern Gelehrten hatten.
Um sich von diesem Vorwurf zu befreyen, fängt man
itzt an, das Studium der gelehrten Sprachen ganz
zu vernachläßigen; und um nicht für einen Pedan=
ten gehalten zu werden, bleibt man in allen Wissen=
schaften nur bey der Oberfläche stehn. Wenige uns=
rer heutigen Gelehrten können ohne Schwierigkeit die
griechischen und lateinischen klaßischen Schriftsteller
lesen. Will man aber sein Ohr durch die Harmonie
der homerischen Verse bilden; so muß man diesen
Dichter ganz fertig ohne Hilfe eines Wörterbuchs le=
sen können. Eben dieses gilt vom Demosthenes,
Aristoteles, Thucydides und Plato. Und eben so
wird eine vollkommene Kenntniß der Sprache dazu
erfodert, wenn man die lateinischen Claßiker genau
kennen lernen will. Aber unsre heutige Jugend legt
sich fast gar nicht auf das Griechische, und wenige
lernen so viel Latein, um die Werke der großen Män=
ner aus dem Zeitalter des Augusts, nur mittelmä=
ßig übersetzen zu können. Und doch sind diese al=

ten

ten Schriftsteller die reichen Quellen, aus denen unsre Vorgänger, die Italiäner, die Franzosen und Engländer, ihre Kenntnisse geschöpft haben. Sie haben sich, so viel sie konnten, nach diesen großen Mustern gebildet; ihre Art zu denken, sich eigen gemacht, und bey Bewunderung der großen Schönheiten, von denen die Werke der Alten voll sind, haben sie auch die Fehler derselben nicht übersehen. Denn billig muß man die Einsicht und Unterscheidung schätzen, und sich nie einer blinden Schmeicheley überlaßen. Jene glückliche Zeiten, deren die Italiäner, Franzosen und Engländer vor uns genossen haben, fangen nun unvermerkt an sich zu verlieren. Das Publikum ist gleichsam gesättigt von den Werken, die es erhalten hat; Kenntnisse werden weniger geschätzt, nachdem sie mehr verbreitet worden. Diese Nationen glauben sich schon im Besitz des Ruhms, den ihre Vorfahren erworben haben, und schlummern auf ihren Lorbern ein. Aber ich finde, daß diese Digreßion mich von meinem Gegenstande ableitet; ich kehre zu ihm zurück, und fahre fort zu untersuchen, was vor Fehler mehr in unsrer Art zu studiren sich finden?

Ich glaube zu bemerken, daß die Schulen nicht so viele gute und geschickte Lehrer haben, als sie bedürften. Denn wir haben viele Schulen, und alle wollen versorgt seyn. Wenn die Lehrer Pedanten sind, wenn ihr beschränkter Geist sich in Kleinigkeiten vertieft, und über denselben wichtige Sachen vergißt; wenn ihr Unterricht verworren, langweilig und leer von Sachen ist; so peinigen sie ihre Schüler, und bringen ihnen oft auf immer einen Widerwillen für die Wissenschaften bey. Andre Schullehrer verrichten ihr Amt wie bloße Miethlinge. Es kümmert sie
wenig,

wenig, ob die Schüler von ihrem Unterricht Nutzen
haben oder nicht; sie sind zufrieden, wenn sie nur
ihren Gehalt richtig ausbezahlt bekommen. Noch
ärger ist es, wenn die Lehrer selbst keine Kenntnisse
haben. Was können sie andere lehren, wenn sie
selbst nichts wissen? Ich weis freylich sehr wohl,
daß es glücklicherweise noch Ausnahmen von dieser
Regel giebt, und daß man auch in Deutschland einige sehr geschickte Schulmänner findet. So wenig
ich dieses läugne, so wünsche ich nur, daß ihre Zahl
größer seyn möchte. Ueber die fehlerhafte Methode
der meisten Lehrer, ihren Schülern die Grammatik,
Rhetorik und Dialektik beyzubringen, könnte ich noch
Vieles sagen. Wie kann man von ihnen erwarten,
daß sie den Geschmack ihrer Untergebnen bilden
werden, wenn sie einen verworrenen Styl für einen
ideenreichen; wenn sie das Triviale und Niedrige
für naiv, die fehlerhafte Nachläßigkeit der Prose
für edle Simplicität; Galimathias für erhaben halten; wenn sie die Aufsätze ihrer Schüler nicht mit Genauigkeit verbessern, und nicht ihnen ihre Fehler vor-
halten, ohne sie niederzuschlagen? wenn sie ihnen nicht
sorgfältig die Regeln einschärfen, die sie bey dem
Schreiben immer vor Augen haben müssen? Gegen
die genaue Richtigkeit der Metaphern, werden eben
so oft Fehler von Lehrern begangen. Ich erinnere
mich in meiner Jugend in einer Zueignungsschrift des
Prof. Heineccius an eine Königinn, folgende schöne
Phrase gelesen zu haben: „Ihro Majestät glän-
„ zen, wie ein Karfunkel, am Finger der
„ itzigen Zeit. " Kann man sich schlechter ausdrücken? Warum ist die Königinn ein Karfunkel?
Wer hat der Zeit einen Finger gegeben? Wenn die
Künstler die Zeit vorstellen, so geben sie ihr Flügel,
weil sie ohne Unterlaß davon fliegt; eine Wasseruhr,
weil

weil die Stunden die Zeit abtheilen; und sie bewaffnen ihren Arm mit einer Sichel, um anzudeuten, daß sie alles, was da ist, wegmähet und zerstört. Wenn aber die Lehrer sich auf eine so niedrige und lächerliche Art ausdrücken, was kann man denn von ihren Schülern sich versprechen?

Aber lassen Sie uns von den niedern Schulen auf die Universitäten übergehen, und sie gleichfalls unpartheyisch untersuchen. Ein Fehler, der mir sogleich in die Augen fällt, ist, daß man gar keine allgemeine Methode hat, die Wissenschaften zu lehren. Jeder Professor macht sich selbst seine eigne. Meiner Meynung nach aber giebt es nur eine gute Methode, an die man sich halten sollte. Aber wie verfährt man hierinn itzt? Ein Professor der Rechte, z. E. hat einige Lieblinge unter den berühmten Rechtsgelehrten, und erklärt nur dieser ihre Meynungen: er hält sich allein an ihre Schriften, ohne sich um das zu bekümmern, was andre Schriftsteller über das Recht geschrieben haben; er erhebt die Würde seiner Wissenschaft, um seine Kenntnisse zu zeigen; er bemüht sich mit Fleiß dunkel in seinen Vorlesungen zu seyn, um für ein Orakel gehalten zu werden; er erklärt die Gesetze von Memphis, wenn von dem Herkommen des Stifts Osnabrück die Rede ist; und er verbreitet sich über die Gesetze des Minos, wenn er einen künftigen Beysitzer der Gerechtigkeit von St. Gallen bilden soll.

Der Lehrer der Weltweisheit hat gewöhnlich auch sein Lieblingssystem, an das er sich nur allein hält. Seine Schüler verlassen seine Hörsäle mit noch mehr Vorurtheilen im Kopf, als sie hineinbrachten; sie haben nur einen kleinen Theil menschlicher Meynungen durch

durchgelaufen, und kennen noch lange nicht alles Ir-
rige und Abgeschmackte derselben.

Ich habe bey mir selbst die Frage noch nicht entscheiden können, ob die Medicin eine Kunst sey oder
nicht? Aber ich bin fest überzeugt, daß kein Mensch
in der Welt das Vermögen habe, einen Magen, Lun-
ge oder Niere neu zu machen, wenn diese für das
menschliche Leben wesentliche Theile einmal verletzt
sind; und ich rathe meinen Freunden sehr, wenn sie
krank sind, ihre Zuflucht zu einem Arzt zu nehmen,
der schon mehr als einen Kirchhoff angefüllt hat, und
nicht zu einem jungen Schüler von Hoffmann oder
Boerhave, der noch nicht Gelegenheit gehabt, irgend
einen Menschen zu tödten.

An den Lehrern der Geometrie habe ich gar nichts
zu tadeln. Diese Wissenschaft allein hat niemals Sek-
ten gehabt; sie ist auf die Analysis, die Synthesis und
den Kalkul gegründet; sie beschäftigt sich nur mit ganz
unwidersprechlichen Wahrheiten, und die Methode,
sie zu lehren, ist in allen Ländern dieselbe.

Auch in Absicht der Theologie will ich ein ehrer-
bietiges Stillschweigen beobachten. Man sagt, sie sey
eine göttliche Wissenschaft, in deren Heiligthum sich
die Layen nicht wagen dürfen.

Aber gegen die Herren Professoren der Geschichte, glaube ich etwas weniger Behutsamkeit beobachten
zu dürfen; und es wird mir erlaubt seyn, ihrer Prü-
fung einige kleine Zweifel vorzulegen. Ich neh-
me mir also die Freyheit, sie zu fragen: Ob das
Studium der Chronologie der nützlichste Theil der
Geschichte? und ob es ein unverzeihlicher Fehler sey,

im

im Todesjahr des Belus, oder in Absicht des Ta-
ges zu irren, da das Pferd des Darius durch sein
Wiehern, seinen Herrn auf den Thron von Persien
brachte? Ob so viel darauf ankomme, zu wissen,
ob die goldne Bulle um sechs Uhr Morgens, oder
um vier Uhr Nachmittags publicirt sey? Was mich
betrifft, so begnüge ich mich den Inhalt der gold-
nen Bulle, und dieses zu wissen, daß sie im Jahr
1356 bekannt gemacht worden. Ich will hiemit gar
nicht die Geschichtschreiber entschuldigen, welche Ana-
chronismen begehen. Indeß würde ich kleine Ver-
sehen dieser Art mit mehr Nachsicht beurtheilen, als
die weit wichtigern Fehler, wenn ein Geschichtschreiber die Begebenheiten verwirrt erzählt, wenn er ihre
Ursachen nicht mit Deutlichkeit entwickelt, wenn er
keine gute Methode beobachtet, wenn er sich lang
bey Kleinigkeiten aufhält, und über die wichtigsten
Gegenstände leicht wegeilt. Ich denke ohngefähr
eben so über die Genealogie, und glaube nicht, daß
man einen Gelehrten steinigen müsse, weil er etwa
die Genealogie der heil. Helena, Mutter Kaiser Kon-
stantins, oder der Hildegard, der Gemahlinn oder
Maitresse Karl des Großen, nicht genau auseinan-
der zu setzen weiß. Der Lehrer der Geschichte muß
nur das lehren, was zu wissen nöthig ist, und das
übrige übergehn. Vieleicht finden Sie meine Kritik zu strenge? „Nichts, werden Sie sagen, „ist
„hienieden in unsrer Welt ganz vollkommen, und
„unsre Sprache, unsre Schulen und Universitäten
„haben also das Recht, es auch nicht zu seyn. Die
„Kritik, „könnten Sie hinzusetzen, ist eine leichte
„Sache, aber die Kunst ist schwer; man müsse sich
„nicht begnügen, blos die Fehler anzuzeigen, son-
„dern auch die Regeln, die man befolgen sollte, um
„es besser zu machen, angeben. „ Ich gestehe die

Rich-

Richtigkeit Ihrer Forderung ein, w. H. und bin ganz geneigt Sie zu befriedigen. Eben die Mittel, dünkt mich, durch welche andre Nationen zur Vollkommenheit gelangt sind, haben wir auch, und es käme nur darauf an, sie anzuwenden. Ich habe schon seit vieler Zeit in meinen müßigen Stunden diese Materien durchgedacht; sie sind mir also gegenwärtig genug, daß ich sie hier auseinandersetzen und Ihrem erleuchtetem Urtheil vorlegen kann; es versteht sich von selbst, daß ich keinen Anspruch darauf mache, in meinen Grundsätzen unfehlbar zu seyn.

Laßen Sie uns wieder bey der deutschen Sprache anfangen, die nach meiner Beschuldigung, verwirrt und schwer zu bearbeiten ist, wenig Wohllaut hat, und auch nicht reich an Metaphern ist, die doch nothwendig sind, um neue Wendungen und Anmuth in ausgebildete Sprachen zu bringen. Wir werden den Weg, auf dem wir diese Fehler verbessern können, am besten ausfindig machen, wenn wir demjenigen nachgehen, auf dem unsre Nachbarn zu dem Grade der Vollkommenheit gelangt sind, den wir noch zu erreichen suchen. In Italien redte man zur Zeit Carl des Großen, noch einen barbarischen Mischmasch von Sprache, der aus Worten, die man von den Gothen und Longobarden entlehnt hatte, zusammengesetzt, und mit lateinischen Phrasen gemischt war, die für die Ohren von Cicero und Virgil ganz unverständlich würden gewesen seyn. Indeß blieb diese Sprache in der Unvollkommenheit während der Folge barbarischer Jahrhunderte. Erst lange nachher erschien Dante; seine Verse bezauberten die Leser, und die Italiäner fiengen nun an zu glauben, daß ihre Sprache doch vielleicht würdig seyn dürfte, auf die der Ueberwinder der Welt zu folgen. Endlich kurz

B

vor

vor und während der Wiederherstellung der Wissenschaften blühten Petrarka, Ariost, Sannazar
und der Cardinal Bembo. Das Genie dieser berühmten Männer hat vornehmlich der italiänischen
Sprache ihre bleibende Gestalt gegeben. Zu gleicher
Zeit bildete sich die Akademie della Crusca, die für
die Erhaltung, so wie für die Reinigkeit des Styls,
sorgte.

Ich geh itzt nach Frankreich über, und finde
am Hofe Franz I. eine eben so mißtönende und un-
bestimmte Sprache, als itzt unsre deutsche seyn kann.
Die Verehrer von Marot, Rabelais und Montagne
mögen es mir verzeihn, wenn ich bekenne, daß ich
bey den groben und ohne alle Anmuth geschriebenen
Werken jener Schriftsteller nur Langeweile und Widerwillen empfunden habe. Nach ihnen, während
der Regierung Heinrich IV. erschien Malherbe.
Er war Frankreichs erster Dichter, oder vielmehr,
um genauer zu reden, er war als Versmacher weniger fehlerhaft, als seine Vorgänger. Um zu beweisen, wie wenig er die Vollkommenheit in seiner Kunst
erreicht hatte, darf ich Ihrer Erinnerung nur folgende Stelle aus einer seiner Oden zurückrufen:

Prends ta foudre, Louis, et va comme un
Liou,
Donner le dernier coup à la derniere tête
de la rebellion.

(Ergreif deinen Donner, Ludwig, und, wie ein
Löwe, versetze dem letzten Haupt der Rebellion,
den letzten Schlag.)

Hat

Hat man wohl jemals einen Löwen mit einem Donner bewaffnet gesehn? Die Fabel giebt ihn in die Hände des Obersten der Götter, sie bewaffnet auch wohl
seinen Begleiter, den Adler, damit; aber nie hat
der Löwe dieses Attribut gehabt. Doch lassen Sie
uns den Malherbe mit seinen unschicklichen Gleichnis-
sen verlassen, und zu den Corneille, den Racine, den Despreaur, den Bossuets, den Fle-
schiers, den Pascals, den Fenelons, den Bo-
ursaults, den Vaugelas übergehn. Diese sind
die wahren Väter der französischen Sprache. Sie
haben den Styl gebildet, den Gebrauch der Wörter
festgesetzt, die Perioden harmonisch gemacht, und
dem barbarischen und mißtönenden Dialekt ihrer Vorfahren, Kraft und Energie gegeben. Man nahm die
Werke dieser schönen Geister mit größter Begierde und
Beyfall auf. Was gefällt, wird leicht im Gedächtniß behalten. Wer Talent für die Wissenschaften hatte, ahmte sie nach. Der Styl und Geschmack dieser großen Männer theilte sich nachher der ganzen Nation mit. Erlauben Sie mir hier im Vorbeygehn
noch die Anmerkung zu machen, daß in Griechenland,
in Italien und in Frankreich die Poeten allemal die
ersten waren, welche ihre Sprache biegsam und harmonisch, und dadurch auch zur Bearbeitung der
Schriftsteller, welche nach ihnen in Prosa schrieben,
fähiger machten.

Gehe ich nach England über, so finde ich dort
eben das Gemählde, wie das von Frankreich und Italien. Dieses Land wurde zuerst von den Römern,
dann von den Angelsachsen, den Dänen, und endlich von Wilhelm dem Eroberer, Herzog der Nor-
mandie, erobert. Aus der Vermischung der Sprachen aller dieser verschiedenen Sieger, zu denen noch

die Sprache der Besiegten hinzukam, welche noch ist
im Fürstenthum Wallis geredt wird, entstund das
heutige Englische. Ich darf Ihnen nicht sagen,
daß während der barbarischen Jahrhunderte diese
Sprache wenigstens eben so roh und ungebildet war,
als die, von denen ich Ihnen geredet habe. Die
Wiederauflebung der Wissenschaften hatte bey allen
Nationen dieselben Wirkungen. Europa der dicken
Unwissenheit müde, mit der es so viele Jahrhunderte
bedeckt gewesen war, wollte sich ist aufklären. Auch
England, das immer eifersüchtig auf Frankreich war,
wollte selbst gute Schriftsteller hervorbringen. Und
da man, um zu schreiben, eine Sprache haben muß,
in der sich schreiben läßt, so fieng man mit der
Verbesserung der Sprache an. Um dieselbe zu beschleunigen, nahm man aus dem Lateinischen, Französischen und Italiänischen alle Worte an, die man
nöthig zu haben glaubte. Die englische Nation hatte
auch wirklich berühmte Schriftsteller, die aber nicht
im Stande waren, die scharfen Töne ihrer Sprache, welche die Ohren der Fremden so sehr beleidigen, sanft zu machen. Alle andre Sprachen verlieren, wenn man sie übersetzt; die englische allein ge-
winnt dabey. Ich erinnere mich hiebey einer Ant-
wort, die ich einmal einen Gelehrten, auf die Frage geben hörte: Welcher Sprache sich die Schlange
bedient habe, als sie unsre erste Mutter verführte?
Der englischen, antwortete jener, denn die
Schlange zischt. Nehmen Sie diesen Einfall nach
seinem Werthe.

Nachdem ich Ihnen nun gezeigt habe, wie andre Nationen verfuhren, als sie ihre Sprache bilde-
ten und vollkommner machten; so werden Sie von
selbst schliessen, daß es uns eben so gut gelingen werde,

be, wie ihnen, wenn wir nur dieselben Mittel anwenden. Wir müssen große Redner und große
Dichter haben, die uns diese Dienste thun, welche
sie unsern Nachbarn geleistet haben, und die wir
nicht von unsern Philosophen erwarten dürfen. Dieser ihr Geschäft ist, Irrthümer auszurotten und neue
Wahrheiten zu entdecken. Aber Dichter und Redner
müssen uns durch ihre Harmonie bezaubern, uns rühren und überreden. Da man aber nicht befehlen kann,
daß Genies zu bestimmten Orten gebohren werden
sollen; so wollen wir sehen, ob wir nicht, bis dahin, daß diese Genies unter uns erscheinen werden,
unterdeß einige Mittel gebrauchen können, unsre Fortschritte zu beschleunigen. Um unsern Styl gedrung-
ner zu machen, sollten wir die unnützen Parenthesen
wegwerfen; um Energie zu bekommen, sollten wir
die alten Schriftsteller übersetzen, die sich mit der
meisten Stärke und Anmuth ausgedrückt haben. Von
den Griechen wären besonders Thucydides, Xeno-
phon, die Poetik des Aristoteles, das Handbuch des
Epictets, die Gedanken des Marc Aurels, gute Muster. Besonders sollte man sich auch bemühen, die
Stärke des Demosthenes in unsre Sprache gut über-
zutragen. Von den Lateinern würde ich vorzüglich
die Commentarien des Cäsars, den Sallust, Tacitus, und die Artem poeticam des Horaz; von
den Franzosen aber die Pensées de Rochefoucault,
die Lettres Persanes, den Esptit de Loix empfehlen. Die Schriften, welche ich hier vorschlage,
sind in einem kurzen, sententiösen Styl geschrieben,
werden also ihre Uebersetzer zwingen, müßige Phrasen und unnütze Worte zu meiden. Unsre Schriftsteller werden allen ihren Scharfsinn anwenden müssen, um ihre Ideen gedrängt und kurz zusammen
zu ziehn, und dadurch ihrer Uebersetzung eben die

Stär-

Stärke zu geben, die man in den Originalen be=
wundert. Doch müssen sie bey ihrer Bemühung,
mit Energie zu schreiben, sich auch wohl hüten, daß
sie nicht dunkel werden. Immer müssen sie sich er=
innern, daß Deutlichkeit die erste Pflicht jedes Schrift=
stellers sey; sich daher nie von den Vorschriften der
Grammatik entfernen, sondern die Worte, welche die
Phrasen regieren, so stellen, daß niemals eine Zwey=
deutigkeit daraus entstehen könne. Uebersetzungen die=
ser Art würden dann die Muster seyn, nach welchen
unsre Schriftsteller bey ihren eignen Arbeiten sich
bilden könnten. Alsdann dürften wir uns schmeicheln,
die Vorschrift befolgt zu haben, welche Horaz in
seiner Arte poetica den Schriftstellern giebt; Tot
verba, tot pondera.

Eine noch weit schwerere Bemühung aber würde
es seyn, die harten Töne sanfter zu machen, die wir
noch so häufig in unsrer Sprache antreffen. Die Vo=
kale schmeicheln dem Ohr, aber zu viele Consonan=
ten hintereinander beleidigen es, weil sie schwer aus=
zusprechen sind, und gar keinen Wohlklang haben.
Auch haben wir unter unsern Hilfs= und Zeitwör=
tern viele, deren letzte Silben fast gar nicht gehört
werden, und dadurch sehr unangenehm sind, als
sagen, geben, nehmen. Man darf diesen Wor=
ten nur noch am Ende ein a hinzusetzen, und sie in
sagena, gebena, nehmena verwandeln, so wer=
den sie unserm Ohre gefallen. Aber ich weiß sehr
wohl, wenn auch der Kaiser selbst mit seinen acht
Churfürsten auf einem feyerlichen Reichstage durch
ein Gesetz diese Aussprache anbeföhle; so würden doch
die eifrigen Verehrer des ächten alten Deutschen sich
an diese Gesetze gar nicht gebunden halten, sondern
allenthalben in schönem Latein ausruffen: *Caesar*
non

non est super Grammaticos, und das Volk, das
in allen Ländern über die Sprachen entscheidet, würde immer fortfahren, sagen und geben auszuspre-
chen. Die Franzosen haben durch ihre Aussprache
viele Worte sanfter gemacht, die sonst das Ohr be-
leidigten, und die den Kaiser Julian veranlaßten,
zu sagen: Daß die Gallier, wie die Krähen krächzten.
Worte der Art, wie man sie sonst aussprach, sind,
cro-jo-yent, voi-yai-yent. Itzt sagt man
croyent, voyent. Wenn diese Worte schon nicht
dem Ohr schmeicheln, so sind sie doch nicht so unangenehm mehr. Mit gewissen Worten, dünkt mich,
könnten wir eben so verfahren. Noch einen Fehler
darf ich nicht übergehen, ich meyne den, daß
unsre Schriftsteller oft niedrige und triviale Verglei-
chungen aus der Sprache des Pöbels entlehnen. Ein
gewisser Dichter, z. E. bediente sich in seiner Zueignungsschrift an einen Mäcenaten folgenden Aus-
drucks: Schieß, großer Gönner, schieß dei-
ne Strahlen Armdick auf deinen Knecht
hernieder. Was halten Sie von diesen armdicken
Strahlen? Hätte man nicht dem Dichter sagen sollen:
„ Mein Freund, lerne denken, ehe du dich mit dem
„ Schreiben abgiebst. “ Bey diesen Mängeln unsrer
Litteratur, dächte ich also, wir ahmten nicht die
Armen nach, die gern für reich gehalten seyn möch-
ten; und wir thäten besser, ganz aufrichtig unsre
Dürftigkeit zu gestehn. Der Gedanke an dieselbe muß
uns Muth einflößen, durch unermüdete Arbeit die
Schätze der Litteratur auch für uns zu erwerben.
Ihr Besitz fehlt nur noch, um den Ruhm unsrer
Nation ganz vollkommen zu machen.

Nachdem ich Ihnen nunmehr gezeigt, wie man
unsre Sprache bilden könnte; so erbitte ich mir
nur

nur noch Ihre Aufmerksamkeit, wegen der Maaßregeln, die man nehmen müßte, um den Kreiß unsrer
Kenntnisse zu erweitern, die Erwerbung derselben leichter und nützlicher zu machen, und dabey zugleich den
Geschmack der Jugend zu bilden. Ich schlage also
zuerst vor, daß man mit mehr Ueberlegung die Re-
ctoren wählen möge, denen man die Schulen anver-
trauet, und daß man ihnen eine verständige und gute
Methode vorschreibe, die sie beym Unterricht der
Grammatik, der Dialektik und der Rhetorik beobachten müßten; daß man kleine unterscheidende Belohnungen für die Schüler, die sich hervorthun, und
leichte Strafen für die Nachläßigen einführte. Wolfs
Logik ist, meiner Meynung nach, die beste und deut-
lichste von allen. Alle Rektoren sollten sich also bey
ihrem Unterricht derselben bedienen, da auch die
von Barteux nicht übersetzt ist, und jene nicht über-
trifft. In Absicht der Rhetorik sollte man sich blos
an Quinctilian halten. Wer ihn studirt, und nicht
zur Beredsamkeit gelangt, wird sie sicher niemals lernen. Der Styl dieses Werks ist hell und deutlich,
er enthält alle Vorschriften und Regeln der Kunst.
Bey diesem Unterricht aber müssen die Lehrer nie
versäumen, die eignen Versuche der Schüler sorgfältig zu prüfen, sich nicht begnügen, ihre Fehler zu
verbessern, sondern ihnen auch die Gründe entwickeln,
warum die Verbesserung nöthig sey? auch die Stellen loben, die sie gut gemacht haben.

Wenn die Lehrer die Methode, welche ich hier
vorschlage, befolgen, so werden sie die Keime von
Talenten entwickeln, welche die Natur gesäet hat;
sie werden die Urtheilskraft ihrer Schüler bilden,
wenn sie dieselben gewöhnen, nie ohne Kenntniß der
Sache zu entscheiden; aus Vordersätzen allemal rich-
ti-

tige Folgerungen zu ziehen. Die Rhetorik wird dann ihren Geist methodisch machen, sie werden die Kunst lernen, ihre Ideen zu ordnen, sie zu verbinden, eine an die andere zu knüpfen, auch glückliche, unmerkliche und natürliche Uebergänge von einer andern zu finden. Sie werden ihren Styl allemal dem Gegenstande angemessen einrichten, nur an schicklichen Orten Figuren gebrauchen, sowohl um die Monotonie des Styls zu unterbrechen, als auch Blumen über die Stellen auszustreuen, die derselben fähig sind. Sie werden sich besonders vor dem Fehler hüten, zwey Metaphern miteinander zu verwirren, welches den Sinn nothwendig dunkel und zweydeutig machen muß. Noch wird die Rhetorik sie lehren, eine Auswahl von Worten zu machen, wie sie sich für das Auditorium schickt, an das sie gerichtet sind. Sie werden lernen, wie sie die Gemüther einnehmen, wie sie gefallen, rühren, Unwillen oder Mitleiden erregen, überreden, und alle Stimmen gewinnen können. Sie werden dann empfinden, wie göttlich die Kunst sey, mit der man blos durch den geschickten Gebrauch der Worte, ohne Gewalt und Zwang, die Seelen und Herzen beherrschen, und in einer zahlreichen Versammlung die Leidenschaften erregen kann, von denen man sie eingenommen wissen will.

Wären die guten Schriftsteller der Alten und Nachbarn einmal übersetzt; so würde ich ihre Lektüre als eine nothwendige und höchst wichtige Sache empfehlen. Zur Bildung in der Logik giebt es keine bessere Bücher, als Baylens Gedanken über die Cometen, und seinen Commentar über die Worte: Nöthige sie hereinzugehn. Nach meiner Einsicht ist Bayle der erste Dialektiker, den Europa je gehabt hat. Er raisonnirt nicht nur mit

der

der Stärke und Präcision; sondern sein Hauptvor-
zug besteht besonders darinn, daß er immer mit einem Blick alles übersieht, was nur irgend an einem
Gegenstande gesehen werden kann; nichts entgeht
ihm, nicht die schwache, nicht die starke Seite. Er
weiß sogleich, wie ein Satz behauptet werden, und
wie man die Einwürfe derer, die ihn angreiffen möchten, wiederlegen müsse. In seinem großen Dictio-
naire tadelt er den Ovid wegen seiner Erklärung vom
Chaos; die Artikel über die Manichäer, den Zoro-
aster, den Epikur und so viele andre, sind vortreflich. Alle verdienen gelesen und studirt zu werden.
Es würde ein unschätzbarer Vortheil für junge Leute
seyn, wenn sie die Stärke des Raisonnements und
den ausnehmenden Scharfsinn dieses großen Mannes
sich ganz eigen machten.

Sie errathen schon von selbst, welche Schriftsteller ich besonders denen empfehlen werde, die sich
vorzüglich auf die Beredsamkeit legen wollen. Damit sie den Grazien opfern lernen, würde ich ihnen
rathen, die großen Dichter Homer und Virgil zu
lesen, und einige der auserlesensten Oden vom Horaz,
einige Lieder vom Anakreon damit zu verbinden. Um
ihren Geschmack für die große Beredsamkeit zu bilden, würde ich ihnen den Demosthenes und Cicero
in die Hände geben. Man bemerke ihnen die Verschiedenheit des Verdiensts dieser beyden großen Redner. Bey dem ersten darf man nichts zusetzen, bey
dem andern nichts wegnehmen. Denn müßte die Lektüre der besten Leichenreden des Bossuet und Flechiers,
der französischen Demosthenes und Cicero, und der
Fastenpredigten des Massilon folgen, welche voll
von Zügen der erhabensten Beredsamkeit sind. Um
zu lernen, wie man in der Geschichte schreiben müsse,

se, würde ich den Livius, Sallustius und Tacitus
empfehlen. Man müßte die erhabene Schreibart und
Schönheit der Erzählung dieser großen Schriftsteller
den jungen Lesern recht entwickeln, dabey aber auch
die Leichtgläubigkeit des Livius tadeln, der allemal
am Ende jedes Jahrs ein Verzeichniß von Wundern
aufführt, deren immer eines lächerlicher ist, als das
andre. Nachher könnte man mit den jungen Leuten
die Histoire universelle von Bossuet und die
Revolutions romaines von Vertot durchlaufen,
und auch noch die Einleitung von Robertsons Geschichte Carl V. hinzusetzen. Diese Werke würden ihren
Geschmack bilden, und sie lehren, wie man schreiben müsse. Hat aber ein Rektor selbst keine Kenntnisse; so wird er sich begnügen zu sagen: Hier hat
Demosthenes ein sehr starkes rednerisches
Argument gebraucht; da, und im größten
Theil seiner Rede bedient er sich des En-
thymema; da ist eine Apostrophe; da eine Prosopopeia; da eine Metapher; hier
eine Hyperbel. Dies alles ist recht gut, aber
wenn der Lehrer die Schönheiten seines Schriftstellers
nicht besser zu entwickeln, und auch die Fehler (welche doch den größten Rednern entwischen) zu bemerken weiß; so erfüllt er seine Pflicht nicht ganz. Ich
bringe auf alles dieses so sehr, weil ich wünschte, daß
unsre Jünglinge die Schulen mit deutlichen und bestimmten Ideen verlassen möchten, und daß die Lehrer sich nicht begnügten, ihr Gedächtniß anzufüllen,
sondern vornehmlich ihre Urtheilskraft zu bilden suchten, damit sie das Gute von dem Schlechten unterscheiden lernen, und nicht blos sagen, dies gefällt
mir nicht, sondern auch Gründe angeben können,
warum sie etwas billigen oder verwerfen.

Um

Um sich zu überzeugen, wie wenig Geschmack noch bis itzt in Deutschland herrsche, dürfen sie nur unsre öffentlichen Schauspiele besuchen. Sie finden daselbst die abscheulichen Stücke von Schackespear aufgeführt, die man in unsre Sprache übersetzt hat. Die ganze Versammlung findet ein ausnehmendes Vergnügen daran, diese lächerlichen Farcen anzusehn, die nur würdig wären, vor den Wilden von Canada gespielt zu werden. Ich beurtheile diese Stücke so hart, weil sie wider alle Regeln des Schauspiels sündigen. Diese Regeln sind nicht willführlich. Sie finden dieselbe in der Poetik des Aristoteles, wo die drey Einheiten der Zeit, des Orts und der Handlung, als die einzigen und wahren Mittel vorgeschrieben sind, die Tragödien interessant zu machen. In den Schriften jenes englischen Schriftstellers aber geht die Handlung ganze Jahre fort. Wo bleibt hier die Wahrscheinlichkeit? Bald erscheinen in denselben die Lastträger oder Todtengräber und reden, wie es sich für sie schickt. Dann kommen Königinnen und Prinzen. Wie ist es möglich, daß ein so wunderliches Gemisch von Großem und Niedrigem, vom Tragischen und Harlequinspossen gefallen und rühren könne? Dem Schackespear kann man indeß seine sonderbare Ausschweifungen wohl verzeihen; denn er lebte zu einer Zeit, da die Wissenschaften in England erst geboren wurden, und man also noch keine Reise von denselben erwarten konnte. Aber erst vor einigen Jahren ist ein Götz von Berlichingen auf unserm Theater erschienen, eine abscheuliche Nachahmung jener schlechten englischen Stücke: und doch bewilligt unser Publikum diesem eckelhaften Gewäsche seinen lauten Beyfall, und verlangt mit Eifer ihre öftere Wiederholung. Ich weiß, daß man über den Geschmack nicht streiten

darf;

darf; indeß werden Sie mir doch erlauben zu sagen,
daß diejenigen, welche gleiches Vergnügen daran finden, Seiltänzer und Marionetten oder die Tragödien des Racine zu sehn, nur ihre Zeit zu verbrin-
gen suchen. Sie wollen lieber, daß man zu ihren Augen als zu ihrem Verstande rede, und sie ziehen ein
bloßes Schauspiel dem vor, was das Herz rührt.

Aber lassen Sie uns wieder zu unserm Gegenstande zurückkommen. Ich habe Ihnen bisher von
den niedern Schulen geredet, und werde nun eben so
frey über die Universitäten urtheilen, Ihnen solche
Verbesserungen vorschlagen, die Denjenigen, welche
sich die Mühe geben wollen, über die Sache gründ-
lich nachzudenken, die nützlichsten und vortheilhafte-
sten scheinen werden. Man darf nicht glauben, daß
die Methode, nach welcher die Professoren die Wissenschaften lehren, gleichgültig sey. Ist in derselben
nicht Deutlichkeit und Bestimmtheit, so ist alle Mühe vergebens. Aber die meisten Professoren haben
den Plan ihrer Vorlesungen einmal entworfen, und
halten sich allein daran. Ob er gut oder schlecht sey,
darum bekümmert sich niemand. Man sieht auch,
wie wenig Vortheil bey dieser Art des Studirens her-
auskömmt, und wie wenige junge Leute von diesen
Vorlesungen so viele Kenntnisse als sie sollten, zurück-
bringen. Nach meiner Idee müßte man also jedem
Professor genau die Regeln vorschreiben, die er bey
seinen Vorlesungen zu befolgen hätte. Ich will versuchen, diese Regeln in einem kurzen Entwurfe anzu-
geben. Den Geometer und den Theologen übergehe
ich ganz, weil die Evidenz des ersten gar keiner Zu-
sätze mehr fähig ist, und man die einmal angenom-
menen Meynungen des andern nicht angreifen darf.
Ich wende mich also sogleich zum Philosophen. Ich

ver-

verlange, daß er seine Vorlesungen mit einer genauen
Definition der Philosophie anfange, daß er alsbann
bis zu den entferntesten Zeiten zurückgehe, und alle
die verschiedenen Meynungen, welche die Menschen
gehabt und gelehrt haben, nach der Ordnung der
Zeit, genau entwickele und beurtheile. Er muß, z.
E. sich nicht begnügen, bloß zu sagen, daß nach dem
System der Stoicker, die menschliche Seelen, Theilchen
der Gottheit sind. So schön und erhaben diese Idee
auch bey dem ersten Anblick scheint; so muß unser Professor doch zeigen, wie sie einen wahren Widerspruch
enthält, weil der Mensch, wenn er ein Theil der
Gottheit wäre, unendliche Kenntnisse haben müßte,
die er doch nicht hat; weil, wenn Gott in dem Menschen wäre, itzt der englische Gott mit dem französischen und spanischen Krieg führen, und also die verschiedenen Theile der Gottheit sich gegenseitig zu zerstören suchen würden; weil endlich nach dieser Lehre,
die schändlichsten Handlungen und alle Verbrechen,
welche die Menschen begehn, göttliche Werke seyn
würden. Ist es nicht abgeschmackt, solche abscheuliche Meynungen anzunehmen? Sie können eben des-
halb, weil sie so ungereimt sind, nicht wahr seyn.

Wenn der Lehrer zum System des Epikurs über-
geht, so wird er sich besonders dabey aufhalten, daß dieser
Philosoph seinen Göttern alle Empfindung ableugnet,
welches den Begriffen von der göttlichen Natur ge-
radezu widerspricht. Er muß auch nicht vergessen
die Ungereimtheit des Satzes von der Bewegung der
Atomen zu zeigen, und überhaupt alles bemerken,
was dem Raisonnement dieses Philosophen an Genauigkeit und richtigem Zusammenhange fehlt. Er
wird ohne Zweifel auch der acataleptischen oder scepti-
schen Sekte erwähnen, und frey gestehen, daß sich die
Men-

Menschen oft in der Nothwendigkeit befinden, ihr Ur‐
theil zurück zu halten, wenn die Analogie und die
Erfahrung ihnen keinen Leitfaden darbiethen, der sie
aus diesem Irrgarten führen kann. Wenn unser Leh‐
rer viele andre philosophische Systeme durchgegangen,
wird er hernach zum Galilei kommen, dessen Sy‐
stem er recht bestimmt vortragen, und die Ungereimt‐
heit des Betragens der römischen Clerisey zeigen muß,
die nicht erlauben wollte, daß sich die Erde um ihre
Achse drehte, daß es Menschen gäbe, die Antipoden
von uns wären; und die, so unfehlbar sie auch zu
seyn glaubt, doch diesmal vor dem Richterstuhl der
gesunden Vernunft ihren Prozeß verlohr. Hierauf
folgen Copernikus, Tycho de Brache, und das Wir‐
belsystem des Descartes. Der Professor muß seinen
Zuhörern zeigen, wie unmöglich es sey, daß ein an‐
gefüllter Raum sich aller Bewegung widersetze; und
er wird bis zur Evidenz beweisen, Descartes mag
sagen, was er will, daß die Thiere keine Maschie‐
nen sind. Hierauf müßte dann ein kurzer Abriß des
Systems von Neuton folgen, nach welchem man den
leeren Raum annehmen muß, ohne daß man bestim‐
men kann, ob er eine bloße Negation alles Daseyns,
oder ein Wesen sey, über dessen Natur man durch‐
aus keine bestimmte Begriffe haben kann. Dieses
darf den Lehrer nicht abhalten sein Auditorium zu
belehren, wie vollkommen das System, das Neu‐
ton durch seinen Calkul auf der Studierstube fand,
mit den Phänomenen übereinstimmt, die uns die Na‐
tur zeigt, und wie daher die neuere Weltweisen ge‐
zwungen worden, die Schwere, die Centripetal‐und
Centrifugalkraft anzunehmen, verborgene und unbe‐
greifliche Eigenschaften der Natur, von denen man
bis auf unsre Zeiten gar keinen Begriff hatte.

Nun

Nun wird die Reihe kommen, von Leibniz, dem System der Monaden, und der vorherbestimmten Harmonie zu reden. Unser Lehrer wird ohne Zweifel die Bemerkung machen, daß sich keine Zahl ohne Einheit denken lasse, und er wird daraus die Folgerung ziehen, daß die Materie zuletzt aus untrennbaren Körpern zusammengesetzt sey. Er wird auch noch seinen Zuhörern bemerken, daß sich eine unendliche Theilbarkeit der Materie zwar wohl denken lasse, aber daß in der Natur selbst, die ursprünglichen Bestandtheile so fein sind, daß sie unsern Sinnen entwischen und man also nothwendig annehmen müsse, daß die ersten Grundstoffe der Elemente unzerstörbar sind. Denn aus nichts kann nichts hervorgebracht werden, und nichts kann vernichtet werden. Das System der vorherbestimmten Harmonie wird unser Weltweise als den Roman eines Mannes von vielem Geiste vorstellen, und dabey bemerken, wie die Natur allemal die kürzesten Wege wähle, um ihren Zweck zu erreichen, und wie man niemals ohne Noth die Wesen vervielfältigen müsse. Hernach wird er zum Spinosa kommen, dessen Wiederlegung ihm nicht viel Mühe kosten wird, da hier eben die Gründe zu gebrauchen sind, deren man sich gegen die Stoicker bedienet. Nichts aber wird unserm Lehrer leichter seyn, als dieses System von der Seite zu zerstören, da es die Existenz Gottes leugnet; er darf nur zeigen, wie jede Sache in der Welt zu einem gewissen Zweck bestimmt, und auf das vollkommenste so eingerichtet ist, diesen Zweck zu erfüllen. Alles, sogar das Wachsthum des geringsten Grashalms, beweiset die Gottheit. Der Mensch besitzet einen Grad von Verstand, den er sich selbst nicht gegeben hat, hieraus folget unwidersprechlich, daß das Wesen, von
dem

dem er Alles hat, noch einen viel tiefern und unermeßlichern Verstand besitzen müsse.

Auch der Mallebranche muß nicht ganz vergessen werden. Bey der Entwickelung der Grundsätze dieses gelehrten Mönchs findet man bald, daß die natürlichen Folgen derselben, uns zu dem System der Stoicker zurückführen, nemlich zu der allgemeinen Weltseele, von der alle Wesen belebt und Theile sind. Wenn wir alles in Gott sehen, wenn alle unsre Empfindungen, unsre Gedanken, unser Wollen und Begehren unmittelbar von seiner intellektuellen Einwürkung auf unsre Organen herrühren; so sind wir bloße Maschienen, die durch göttliche Hände in Bewegung gesetzt werden. Die Gottheit bleibt alsdann nur allein übrig und der Mensch verschwindet ganz.

Ich traue unserm Herrn Professor zu viel Ueberlegung zu, als daß er den weisen Locke vergessen sollte; er ist der einzige Metaphysiker, der die Einbildungskraft der gesunden Vernunft ganz aufopfert, der nur der Erfahrung folgt, und vorsichtig stille steht, so bald dieser sichre Führer ihn verläßt. Bey der Moral wird unser Lehrer etwas vom Sokrates sagen, dem Markus Aurelius Gerechtigkeit wiederfahren lassen, und sich vorzüglich bey dem Buch des Cicero de officiis verweilen, dem besten, das je über die Moral geschrieben worden, und jemals geschrieben werden wird.

Mit den Aerzten habe ich nur zwey Worte zu reden. Sie müssen besonders ihre Schüler gewöhnen, die Symptomen der Krankheiten sorgfältig zu untersuchen, um ihre Gattungen genau zu kennen.

C   Die-

Diese Symptomen sind ein schneller oder schwacher,
ein starker oder heftiger oder unterbrochner Puls;
Trockenheit der Zunge; Beschaffenheit der Augen:
die Natur der Ausdünstung; und alle Arten von Ab-
sonderungen, sowohl durch den Urin als den Stuhl-
gang. Hieraus zieht der Arzt Folgen, nach denen
er mit einiger Sicherheit die Art des Marasmus bestimmen kann, welcher die Krankheit verursacht, und
nach diesen Kenntnissen wählt er alsdann die sichersten Mittel sie zu heilen. Der Lehrer der Arzneykunst muß auch besonders sich Mühe geben, seinen
Schülern die ausnehmende Verschiedenheit der Tem-
peramente und die Aufmerksamkeit, die sie erfordern,
zu zeigen. Er muß ihnen deutlich machen, wie dieselbe Krankheit bey jedem Temperament ganz verschieden sich äussere, und wie nothwendig es daher sey,
die Arzneymittel auch in derselben Krankheit auf das
genaueste nach der Constitution des Patienten, ab-
zumessen. Nach allen diesem Unterricht wage ich es
doch nicht zu hoffen, daß unsre junge Aesculape Wunder thun werden; aber das Publikum wird doch den
Vortheil davon haben, daß die Unwissenheit oder
Trägheit der Aerzte künftig einige Bürger des Staats
weniger tödten werden.

Um kurz zu seyn, übergehe ich die Botanik, die
Chimie und Experimental-Physik, und komme daher desto eher zu dem Herrn Professor der Rechte,
der mir eine sehr unfreundliche Mine zu haben scheint.
Mein Herr, möchte ich zu ihm sagen, wir leben nicht
mehr in dem Jahrhunderte der Worte, sondern der
Sachen. Wäre es Ihnen gefällig, so wünschte ich,
zum Besten des Publikums, Sie brächten in Ihre
hochgelahrten Vorlesungen, etwas weniger Pedantis-
mus und dagegen desto mehr gesunde Vernunft. Sie

ver-

verberben nur Ihre Zeit, wenn Sie ein Staatsrecht
lehren, das nicht einmal unter Privatpersonen gilt,
das von den Mächtigen nicht geachtet wird, und den
Schwachen keinen Schutz giebt; oder, wenn Sie
Ihre Schüler ganz vollständig von den Gesetzen des
Minos, des Solon, des Likurg, den zwölf Tafeln,
dem Justinianischen Codex unterrichten; und ihnen
fast gar nichts von den Gesetzen und dem Herkommen
unsrer Lande sagen. Um Sie zu beruhigen, wollen
wir Ihnen gerne zugeben, daß Ihr Gehirn eine Quint-
essenz der vereinigten Gehirne des Bartolus und Cu-
jacius ausmache; aber bedenken Sie doch dagegen
auch, daß nichts kostbarer als die Zeit ist, und der-
jenige, der sie mit unnützen Phrasen hinbringt, für
einen Verschwender erklärt werden müsse, über den
Sie eine Sequestration erkennen würden, wenn ihm
vor Ihrem Richtstuhl der Prozeß gemacht werden
sollte. Erlauben Sie mir also, so gelehrt Sie immer seyn mögen, daß ich als ein bloßer Laye (wenn
Sie mir einigen Muth machen werden,) es wage,
Ihnen einen juristischen Cursum vorzuschlagen.

Sie fiengen, dächt ich, mit dem Beweise an,
daß Gesetze nothwendig sind, weil keine Gesellschaft
ohne sie bestehen kann. Sie zeigten hierauf, wie es
bürgerliche, Criminal- und bloße Conventionsgesetze
gebe. Die ersten dienen dazu, alle Art von Besitz
zu sichern, als Erbschaften, Heyrathssteuer, Leibge-
dinge, Kauf- und Verkaufskontrakte, u. s. w. Sie
enthalten die Grundsätze, nach denen man die Gränzen bestimmen und streitige Rechte erklären und entscheiden muß. Die peinlichen Gesetze haben mehr den
Zweck von den Verbrechen abzuschrecken, als sie zu
strafen. Die Strafen müssen immer den Verbrechen
angemessen, und die gelindesten, so oft es nur mög-

lich,

sich, den härtesten vorgezogen werden. Conventions-
geseze sind diejenigen, welche die Regierungen einführen, um die Handlung und den Fleiß ihrer Staaten zu befördern. Die beyden ersten Gattungen der
Geseze sind bleibend und ewig ; die leztern aber sind
Veränderungen unterworfen, weil so wohl innere als
äußere Ursachen die Regierungen veranlassen können,
einige dieser Geseze abzuschaffen und neue einzuführen.
Hat der Herr Professor diese vorläufige Grundsäze
mit der nöthigen Deutlichkeit vorgetragen ; so wünschte ich, daß es ihm gefällig seyn möchte, ohne den
Grotius und Puffendorff weiter um Rath zu fragen,
die Geseze des Landes, in dem er lebt, genau durchzugehen und zu entwickeln. Er muß sich dabey ja
hüten, daß er seinen Schülern keinen Geschmack an
der Streitsucht beybringe, und nicht Leute aus ihnen bilde, welche die Geschäfte noch mehr verwickeln,
statt sie zu entwickeln. Er wird sich besonders bemühen, Richtigkeit, Deutlichkeit und Präcision in
seine Vorlesungen zu bringen. Um seine Zöglinge
von früher Jugend an selbst an diese Methode zu gewöhnen, wird unser Lehrer alles anwenden, um ihnen Verachtung der Streitsucht beyzubringen, die
über alles sophistische Erklärungen macht, und ein
unerschöpfliches Repertorium von Subtilitäten und
Chikanen zu seyn scheint.

Ich wende mich izt an den Professor der Geschichte, und stelle ihm zum Muster den berühmten
und gelehrten Thomasius vor. Diesem großen
Mann sich nur zu nähern, wird unserm Professor
einen guten Ruf, ihm gleich zu werden, hohen Ruhm
erwerben. Er muß seine Vorlesungen mit der alten
Geschichte anfangen, und mit der neuen beschliessen;
aber auch kein Volk vergessen, das in der Folge der
Jahr-

Jahrhunderte sich ausgezeichnet, so wie Boßuet in seinem sonst sehr schäßbaren Buch, die Sineser, die Rußen, Pohlen und den ganzen Norden übergangen hatte. Vorzüglich muß sich unser Lehrer mit Deutschland beschäftigen, weil dieses für Deutsche das interessanteste Land ist.

Bey dem dunkeln und ungewissen Ursprung der Nation aber, muß der Lehrer sich nicht zu lange aufhalten, weil wir zu wenig Denkmaale, und die Kenntniß, die man allenfals hierüber erwerben kann, wenig nützlich ist. Er wird auch das neunte, zehnte, eilfte und zwölfte Jahrhundert nur durchlaufen ohne sich dabey aufzuhalten. Im dreyzehnten wird er anfangen tiefer einzubringen, weil hier die Geschichte interessanter zu werden anfängt. Je mehr er sich den neuern Zeiten nähert, desto mehr muß er sich in das Detail der Begebenheiten einlassen, weil sie immer mehr mit der Geschichte unsrer Zeit zusammenhängen. Er muß dabey auch ein richtiges Verhältniß beobachten, und sich immer länger bey den Begebenheiten verweilen, welche Folgen gehabt, als bey denen, welche (wenn ich mich so ausdrücken darf) für die Nachkommen gleichsam todt sind. Besonders wird der Professor auch den Ursprung der Rechte, Gebräuche und Gesetze bemerken, und zeigen, bey welchen Veranlassungen sie im deutschen Reiche eingeführt sind. Er muß die Epochen angeben, da die Kaiserl. Reichsstädte die Unmittelbarkeit erhielten; und worin ihre Privilegien bestanden? wie der Bund der Hanseestädte entstanden? wie die Bischöfe und Aebte Souverains wurden? Er wird endlich, so gut er kann, es erklären, wie die Churfürsten das Recht erhalten haben, den Kaiser zu wählen. Auch die Verschiedenheit der Rechtsverwaltung in dieser Folge der Jahrhun-

hunderte, darf nicht übergangen werden. Aber von
Carl V. an muß besonders unser Professor zeigen,
daß er Beurtheilungskraft und Geschicklichkeit besitze.
Von diesem Zeitpunkt an wird alles interessant und
denkwürdig. Daher muß der Lehrer alle Mühe anwenden, die Ursachen der großen Begebenheiten zu
entwickeln. Gleichgültig gegen die Personen, muß
er das Gute und Böse, wo er es findet, loben und
tadeln, wie ein jeder daßelbe verdient. Nun kommt
die Zeit der Religionsunruhen, der Lehrer der Geschichte muß sie wie ein Philosoph, beurtheilen. Hierauf folgen die Kriege, zu welchen jene Unruhen Gelegenheit gaben, und Begebenheiten, welche mit der
Würde behandelt werden müssen, die ihr großes In-
teresse erfordert. Schweden, z. E. nimmt im drey-
sigjährigen Kriege die Parthey gegen den Kaiser. Hier
muß also der Lehrer zeigen, was Gustav Adolph
bewog, sich nach Deutschland zu begeben; und warum Frankreich sich für Schweden und die protestan-
tische Sache erklärte; aber er muß sich wohl in Acht
nehmen, die alten Unwahrheiten zu wiederholen, wel-
gar zu leichtgläubige Geschichtschreiber verbreitet haben. Er wird also nicht sagen, daß Gustav Adolph
von einem deutschen Fürsten getödt sey, der unter seiner Armee diente, weil dieses Vorgeben durch nichts
bewiesen und ganz unwahrscheinlich ist. Der west-
phälische Friede verdient eine noch umständlichere Er-
örterung, weil er die Hauptstütze der deutschen Frey-
heiten und ein Grundgesetz geworden ist, auf welches
sich unsre heutige Verfassung gründet, und wodurch
der Ehrgeiz der Kaiser in seinen gebührenden Schran-
ken erhalten wird. Nachher muß der Lehrer der Geschichte, die Begebenheiten unter der Regierung der
Kaiser Leopold, Joseph I. und Carl VI. vortragen.
Dieses Feld von so weitem Umfange wird ihm Ge-
legen-

legenheit genug geben, sein Genie und seine Gelehr-
samkeit zu zeigen, wenn er nur nichts Wesentliches
übergeht. Hat unser Professor die Begebenheiten
jedes Jahrhunderts auf diese Art auseinandergesetzt;
so muß er auch nicht vergessen, von den herrschen-
den Meynungen desselben, und den wackern Männern
Rechenschaft zu geben, welche sich durch ihre Talente, ihre Entdeckungen und ihre Schriften am meisten bekannt gemacht haben; er wird auch dabey die
Ausländer nicht übergehn, welche Zeitgenossen jener
Deutschen waren. Hat man auf diese Art die Geschichte behandelt, daß man ein Volk nach dem andern durchgeht; so würde es für die Schüler sehr nützlich seyn, wenn man nun alle Materien wieder nach
der Zeitordnung zusammenstellte und sie ihnen in einem großen Gemählde zeigte. Hier ist besonders
die chronologische Ordnung nothwendig, um nicht die
Zeiten mit einander zu verwechseln, und um zu lehren, daß man jede wichtige Begebenheit immer in
die Stelle setzen müsse, in die sie gehört; Zeitgenossen neben Zeitgenossen. Um das Gedächtniß nicht
zu sehr mit Datis zu überladen, würde das beste seyn,
die wichtigsten Vorfälle zu Epoken zu machen. Diese sind Standpunkte für das Gedächtniß, die man
leicht behält, und welche verhindern, daß das un-
ermeßliche Cahos der Geschichte sich nicht in dem Kopfe der jungen Leute verwirre. Ein solcher Cursus
der Geschichte, wie ich ihn vorschlage, muß tief durchgedacht und wohl geordnet seyn, auch durchaus keine Kleinigkeiten enthalten. Nicht im Theatro Eu-
ropaeo, nicht in der deutschen Geschichte von Bü-
nau muß der Geschichtslehrer Rath suchen; ich würde ihn lieber auf die Hefte vom Thomasius ver-
weisen, wenn man sie noch haben kann.

Wird

Wird die Geschichte auf diese Art gelehret, so
ist es unstreitig das interessanteste, unterrichtendste und
nüzlichste Schauspiel für einen jungen Menschen, der
in die Welt tritt, diese Reihe von Veränderungen
durchzugehen, die so oft die Gestalt der Welt verändert haben. Nirgend lernt man das Nichts aller
menschlichen Dinge besser kennen, als wenn man auf
den Trümmern so vieler Reiche und mächtigen Staaten einherwandelt. Bey der unübersehbaren Menge
von Verbrechen, die man dem Blick des edlen Jüng-
lings vorbeyführt, wird es ihm ein ausnehmendes
Vergnügen machen, doch zuweilen große und göttliche Seelen zu finden, die um Verzeihung für das
übrige verderbte Menschengeschlecht zu bitten scheinen.
Hier findet er Muster, denen er nachahmen muß.
Dort sieht er glückliche Menschen, mit Schmeichlern
umringt: sie fliehn, so bald der Tod ihren Götzen
berührt; die Wahrheit erscheint dann, und die laute
Stimme des öffentlichen Abscheues macht den gedun-
genen Panegyristen verstummen. Ich schmeichle mir,
daß unser Professor so viel Verstand haben werde,
um seinen Schülern deutlich zu machen, wie eine edle
Nacheiferung von einem strafbaren Ehrgeiz verschieden sey, und daß er sie zum Nachdenken über so
viele schreckliche Leidenschaften anführen wird, die den
mächtigsten Staaten das größte Unglück bereitet haben.
Mit hundert Exempeln kann er beweisen, wie die guten Sitten die sichersten Mittel zur Erhaltung der
Staaten sind, und wie ihre Verderbniß, die Einführung des Luxus, und ungemäßigte Liebe der Reich-
thümer zu allen Zeiten die Vorläufer ihres Falls waren.

Wenn der Professor den Plan befolgt, den ich
ihm vorschlage; so wird er sich nicht darauf einschrän-
ken, nur Begebenheiten in dem Gedächtniß seiner

Schü-

Schüler zu häufen; sondern er wird sich bemühen, ihre Urtheilskraft zu bilden, und ihre Art zu den-ken, zu berichtigen, besonders aber ihnen Liebe zur Tugend einzuflößen, welches meiner Meynung nach, allen unverdauten Kenntnissen weit vorzuziehen ist, mit denen man den Kopf eines jungen Menschen an-zufüllen pflegt.

Der Schluß von allem, was ich Ihnen bisher vorgetragen, ist, daß man sich mit dem größten Ei-fer bemühen müßte, alle classische Autoren der alten und neuern Sprachen gut zu übersetzen. Wir wür-den davon den doppelten Vortheil haben, daß unsre Sprache gebildet, und die Kenntnisse allgemeiner ge-macht würden. Wenn wir die guten Schriftsteller unter uns naturalisirten, so würdeu sie uns neue Ideen zuführen; ihre Diction und die Anmuth ihres Styls würde uns bereichern, und wie viele wichtige Kenntnisse würde nicht das Publikum dadurch erhal-ten? Ich glaube nicht, daß unter den sechs und zwanzig Millionen Menschen, die man Deutsch-land beylegt, sich hunderttausend befinden, wel-che das Latein gut verstehn, besonders wenn Sie den Haufen der Pfaffen und Mönche abrechnen, die es kaum so weit gebracht haben, die Regeln des Syn-tax nur einigermaßen zu verstehen. So sind also 25, 900000 Menschen von den wichtigsten Kentnis-sen ganz ausgeschlossen, weil sie dieselben nicht in ih-rer Muttersprache bekommen können. Welch eine glückliche Veränderung wäre es also, wenn unter die-ser Menge von Menschen jene Kenntnisse allgemeiner gemacht werden könnten. Der Edelmann, der sein Leben auf dem Lande zubringt, würde sich diejeni-gen Bücher auswählen, die sich für ihn schickten, und durch sie sich eben so sehr unterrichten als be-

lu-

42

luftigen. Der Bürger würde weniger roh werden,
und die müssigen Menschen fänden im Lesen eine si-
chere Zuflucht wider die Langeweile. Der Geschmack
für die Wissenschaften würde allgemein werden, Anmuth und Vergnügen über die menschliche Gesellschaft
verbreiten, und eine unerschöpfliche Quelle für die
Conversation seyn. Aus solchem beständigen gegen-
seitigen Reiben der Geister würde der gute Geschmack
und das feine Gefühl entstehen, das mit eben so rich-
tiger als geschwinder Beurtheilung das Schöne em-
pfindet, das Mittelmäßige verwirft, und das Schlechte verachtet. Das Publikum wird alsdenn auch über
neue Werke des Geschmacks mit mehr Erleuchtung
urtheilen, und die Schriftsteller zwingen, ihre Werke
mit größerm Fleiß und Sorgfalt auszuarbeiten, und
sie nicht eher herauszugeben, bis sie genau und öf-
terer geprüft und gefeilt sind.

Der Gang, den ich zur Verbesserung unsrer
Litteratur vorschlage, ist nicht aus meiner Einbildung
genommen; er ist der, den alle Völker, die sich auf-
geklärt, gewählt haben. Jemehr der Geschmack für
die Wissenschaften allgemeiner werden wird, desto
mehr Vorzüge und andre Vortheile werden die zu erwarten haben, die sie mit besonderm Fleiß cultivi-
ren; desto mehr wird das Beyspiel einiger immer
mehrere anfeuern. Deutschland hat schon Männer
genug, die zu den mühsamsten Untersuchungen ganz
gemacht sind, es hat Philosophen, Genies, und Alles, was man zu ihrer Entwicklung wünschen kann,
nur ein Prometheus fehlt noch, der das göttliche
Feuer vom Himmel hole, und sie belebe. Eben das
Land, welches den berühmten Petrus de Vineis,
den Canzler des unglücklichen Kaisers Friedrich II.
und die Verfasser der bekannten Epistolarum obscu-

ro-

rorum virorum (die über ihr Zeitalter sehr erhaben sind) hervorgebracht hat; das Land, in welchem
Erasmus geboren ist, dessen **Lob der Narrheit**
voll von Witz ist, und noch besser seyn würde, wenn
man einige zu niedrige Stellen wegnähme, an denen
man das Kloster und den Geschmack der Zeit erken-
net; ein Boden, der den eben so weisen als gelehrten Melanchton, und so viel andere große Männer
hervorgebracht hat, ist noch nicht erschöpft, und kann
noch immer wieder Genies erzeugen, die den genann-
ten gleich kommen. Ich könnte auch zu den angeführten noch große Namen hinzusetzen, denn ich rech-
ne zu den unsrigen auch einen **Copernik**, dessen
Calkul das Planetensystem und dasjenige berichtigte,
was **Ptolomäus** etliche tausend Jahr vor ihm behauptet hatte. In einem andern Theile Deutsch-
lands entdeckte ein Mönch durch seine chymische Pro-
cesse, die erstaunenswürdige Wirkungen des Aus-
bruchs des Pulvers. Auch war es ein Deutscher,
der die Buchdruckerey erfand, diese herrliche Kunst,
welche die guten Bücher verewiget, und das Publikum in den Stand setzt sich mit geringen Kosten zu
unterrichten. Dem erfinderischen Geiste eines **Otto**
Guericke haben wir die Luftpumpe zu danken. Und
wie könnte ich den großen **Leibnitz** übergehen, dessen Name in ganz Europa so berühmt ist. Hat ihn
auch zuweilen die lebhafte Einbildung zu systemati-
schen Träumen verleitet; so muß man doch gestehen,
daß selbst seine Verirrungen seinen großen Geist beweisen. Ich könnte diese Liste noch mit den Namen
von **Thomasius, Bilfinger, Haller** und sehr
vielen andern vergrößern, wenn ich nicht besser fände, von der neuesten und gegenwärtigen Zeit nichts
zu sagen. Das Lob der erwähnten würde die Eigenliebe der übergangenen beleidigen.

Ich

Ich sehe voraus, daß man meinem Raisonnement vielleicht noch einen Einwurf entgegensetzen wird,
den ich noch beantworten muß. Während der bürgerlichen Kriege, sagt man vielleicht, blühte in Italien Pico von Mirandola; ich gestehe dieses ein,
aber der Mann war auch nur ein bloßer Gelehrter.
Während daß Cromwell, (kann man mir weiter
einwerfen,) die Verfassung seines Vaterlandes um-
stürzte, und seinen König auf dem Schafot hinrich-
ten ließ, erschien Tindal mit seinem Leviathan,
und bald nachher Milton mit seinem verlohrnen
Paradiese; ja schon zur Zeit der Königinn Elisa-
beth und Jakob I. erleuchtete der Canzler Bacon
ganz Europa, und wurde ein Orakel für die Philosophie, da er die noch möglichen Entdeckungen und
den Weg anzeigte, auf dem man zu ihnen gelangen
könnte. Auch in Frankreich waren die vortreflichsten Schriftsteller Zeitgenossen der blutigen Kriege
unter Ludwig XIV. Warum, kann man also sagen, waren unsre deutsche Kriege so viel fürchterlicher
für die Wissenschaften, als bey andern Nationen?
Es wird mir nicht schwer seyn hierauf zu antwor-
ten. In Italien haben die Wissenschaften nur zu der
Zeit geblühet, als Lorenz von Medicis, der
Papst Leo X. und das Haus Este ihnen Schutz
gaben. Es fielen in diese Zeit einige vorübergehen-
de, aber nicht zerstörende Kriege; und Italien, eifersüchtig auf die Ehre die Wissenschaften wieder hergestellt zu haben, unterstützte sie so sehr, als es nur
irgend seine Kräfte erlaubten. In England zielte
Cromwells durch den Fanatismus unterstützte Politik, nur allein auf den Thron; grausam gegen seinen König regierte er die Nation mit Weisheit. Daher war Englands Handel nie so blühend als währen seinem Protektorat. Der Behemoth war auch
nur

nur eine Partheyschrift. Das verlohrne Para-
dies von Milton ist unstreitig von höherm Werth;
der Dichter desselben besaß eine ungemeine starke Einbildungskraft, und nahm das Sujet aus einer der
religiösen Farcen, die zu seiner Zeit noch in Italien
gespielt wurden; aber man muß besonders bemerken,
daß England damals schon wieder ruhig und in blü-
hendem Wohlstande war. Der Canzler Bacon
lebte an dem feinen und aufgeklärten Hofe der Eli-
sabeth; er besaß die durchdringenden Augen vom
Adler des Jupiters, mit denen er die Wissenschaften
durchschauete, und die Weisheit der Minerva, um
sie zu ordnen. Bacons Genie gehört unter die
seltene Phänomene, die immer nur einzeln und in
weiter Entfernung voneinander erscheinen, und die
ihrem Jahrhundert eben so viel Ehre machen, als
dem menschlichen Geschlecht überhaupt.

In Frankreich hatte Richelieus Ministerium das
schöne Jahrhundert von Ludwig XIV. schon von ferne
bereitet. Die Wissenschaften fiengen mit dem Anfang
seiner Regierung an sich zu verbreiten, und konnten
durch den Krieg de la Fronde, der nur ein Kin-
derspiel war, nicht unterbrochen werden. Ludwig
XIV. begierig nach jeder Art von Ruhm, wollte
seine Nation zur ersten in Absicht des Geschmacks und
der Litteratur machen, wie sie es durch ihre Macht,
ihre Eroberungen, ihre Politik und Handel schon
war. Seine siegreichen Waffen drangen in die Lande seiner Feinde ein. Frankreich war stolz über das
Glück seines Monarchen, ohne die Verwüstungen des
Krieges zu empfinden. Ganz natürlich also ließen
die Musen, die gern immer neben Ruhe und Ue-
berfluß wohnen, sich in seinem Reiche nieder.

Aber

Aber ich muß Sie auf noch einen Unterschied aufmerksam machen, der sich zwischen uns und unsern Nachbarn, die uns vorgegangen sind, befindet. In Italien, in Frankreich und England schrieben die ersten Gelehrten und ihre Nachfolger allemal in der Landessprache. Das Publikum nahm ihre Werke mit größter Begierde auf, und die Kenntnisse verbreiteten sich durch die ganze Nation. Bey uns war es hierinn ganz anders. Die Religionszänkereyen lieferten uns einige Streiter, welche ganz unverständliche Materien auf eine sehr dunkle Art untersuchten; dieselben Säße bald behaupteten, bald bestritten; und die Sophismen nur mit Schimpfworten vermengten. Unsere ersten Gelehrten waren, wie sie es allenthalben gewesen, Männer, die nur Begebenheiten in ihrem Gedächtniß anhäuften; Pedanten ohne Beurtheilungskraft, wie die **Lipsius**, die **Freinshemius**, die **Gronovius**, die **Grävius**, welche auf eine sehr schwerfällige Art einige dunkle Phrasen wieder herstellten, die sie in alten Manuscripten fanden. Dieses konnte bis auf einen gewissen Grad ganz nützlich seyn; aber man mußte nicht allen seinen Fleiß und Aufmerksamkeit auf dergleichen unwichtige Kleinigkeiten wenden. Und doch machte die pedantische Eitelkeit dieser Herren auf den Beyfall von ganz Europa Anspruch; theils um ihr schönes Latein zu zeigen, theils um auch von fremden Pedanten bewundert zu werden, schrieben sie durchaus nicht anders, als lateinisch. Ihre Werke waren daher für das ganze übrige Deutschland ungeschrieben. Die deutsche Sprache wurde gar nicht cultivirt und blieb immer mit ihrem alten Rost bedeckt. Der Haupttheil der Nation, der kein Latein verstand, konnte sich auf keine Weise unterrichten, und blieb immer mit dicker Unwissenheit umhüllt. Dies sind

Wahr-

Wahrheiten, denen Niemand etwas entgegensetzen kann.
Unsre Herren Gelehrten sollten sich zuweilen erinnern, daß
die Wissenschaften die Nahrungsmittel der Seele sind;
das Gedächtniß empfängt sie, wie der Magen die
Speisen; wenn die Urtheilskraft aber nicht ihre Ver-
dauung beförbert, so ist Unverdaulichkeit des Geistes unvermeidlich. Wenn die Wissenschaften Schä-
ze sind, so muß man sie nicht aufhäufen und ver-
schließen; sondern dadurch nutzen, daß man sie in
allgemeinen Umlauf bringt, und dieses kann nur
durch die Sprache geschehen, welche alle Bürger des
Staats verstehn.

Noch nicht seit langer Zeit haben unsre Gelehrten es gewagt, in ihrer Muttersprache zu schreiben,
und schämen sich nicht mehr Deutsche zu seyn. Sie
wissen, daß das erste deutsche Wörterbuch noch nicht
alt ist; ich erröthe fast dafür, wenn ich bedenke, daß
ein so ausnehmend nützliches Buch nicht wenigstens
hundert Jahre vor mir in die Welt gekommen ist.
Bey alle dem bemerkt man itzt, daß uns allmählich
eine Gährung und Veränderung bevorstehe. Man
fängt an vom Ruhm der Nation zu reden; wir wollen uns in gleiche Reihe mit unsern Nachbarn erheben, und Wege zum Parnaß, so wie zum Tempel
des Andenkens bahnen. Wer ein feines Gefühl hat,
kann dieses schon bemerken. Man muß also nur die
alten und neuern klassischen Schriftsteller in unsre
Sprache übersetzen. Soll das Geld bey uns circu-
liren, so müssen wir es ins Publikum bringen, und
die Wissenschaften, die ehemals so selten waren, allgemeiner machen. Um endlich nichts zu übergehen, was
die Fortschritte unserer Litteratur aufgehalten hat, will
ich auch noch den Umstand bemerken, daß an den
meisten Höfen die deutsche Sprache so wenig geredet
wird.

wird. Unter Kaiser Joseph I. redete man in Wien nur Italiänisch; unter Carl VI. wurde dieses vom Spanischen verdrungen; und während der Regierung Franz I. eines gebornen Lothringers, wurde am Wiener Hofe weit mehr Französisch als Deutsch geredet. An den Churfürstlichen Höfen gieng es eben so. Sie werden hievon keine andre Ursache finden, als die ich Ihnen schon oft angeführt habe. Die spanische, italiänische und französische Sprache waren gebildet und bestimmt; die unsre war es nicht. Aber es muß uns trösten, daß Frankreich eben dieses Schicksal erfahren hat. Unter Franz I. Carl IX. und Heinrich III. redte man in allen guten Gesellschaften mehr Spanisch und Italänisch als Französisch. Die Landessprache bekam nicht eher die Oberhand, bis sie feiner, deutlich und zierlich geworden, auch von einer Menge klassischer Schriftsteller durch mahlerische Ausdrücke verschönert war und grammatikalische Bestimmtheit erhalten hatte. Unter der Regierung Ludwig XIV. verbreitete sich die französische Sprache durch ganz Europa, und dieß rührte zum Theil daher, weil man begierig war, die schönen Schriftsteller und die guten Uebersetzungen der Alten zu lesen, welche man damals in dieser Sprache fand. Itzt ist dieselbe das allgemeinste Mittel geworden, um in allen Städten und Häusern Zutritt zu erhalten. Wer von Lissabon nach Petersburg und von Stockholm nach Neapel reiset, und französisch redet, wird allenthalben verstanden. Diese einzige Sprache macht uns eine Menge andre entbehrlich, die wir sonst wissen müßten, und die unser Gedächtniß mit Worten beladen würden, an deren Stelle wir itzt Sachen bringen können, welches gewiß ein erheblicher Vorzug ist.

Ich

Ich habe Ihnen nun die verschiedenen Hindernisse entwickelt, welche uns in der Litteratur nicht so
geschwind haben gehen lassen, als unsre Nachbarn.
Indeß übertreffen die Spätern zuweilen ihre Vorgänger. Dieß könnte vielleicht bey uns eher der Fall seyn,
als man es glauben sollte; wenn nur unsre Regen-
ten Geschmack an den Wissenschaften bekommen; diejenigen ermuntern, die sich mit denselben beschäftigen, und denen Lob und Belohnungen ertheilen, welche es vorzüglich weit bringen. Wenn wir Medicis haben, werden auch unsre Genies hervorkeimen;
und die Auguste werden schon Virgile machen. Wir
werden dann auch unsre klassische Schriftsteller bekommen; Jeder wird sie lesen wollen; unsre Nachbarn
werden Deutsch lernen und die Höfe es mit Vergnügen reden. Und vielleicht bringen unsre guten Schriftsteller es dahin, daß unsre zur Vollkommenheit ge-
brachte und verfeinerte Sprache noch einst von einem
Ende von Europa bis zum andern wird geredet werden. Noch sind diese schönen Tage unsrer Litteratur nicht gekommen; aber sie nähern sich, und erscheinen gewiß. Ich kündige sie Ihnen an, obgleich
mein Alter mir die Hoffnung nimmt, sie noch selbst
zu sehen. Ich bin wie Moses, ich sehe das gelobte Land von ferne, werde aber nicht selbst herein-
kommen. Erlauben Sie mir diese Vergleichung. Ich
lasse sonst den Moses in allen seinen Würden, und

D   will

will mich auf keine Weise mit ihm in Vergleichung
sezen. Auch sind die schönen Tage unsrer Litteratur, denen wir entgegen sehen, gewiß weit mehr
werth, als die nackten und dürftigen Felsen des un-
fruchtbaren Idumäa.

Ueber

Ueber

die

deutsche Sprache

und

Litteratur

von Abt Jerusalem.

Durchlauchtigste Herzoginn,
Gnädigste Herzoginn und Frau!

Ich habe dem allergnädigsten Befehle gehorcht; aber nun wage ich es kaum, Ew. Königlichen Hoheit den Aufsatz zu überreichen. Denn, Gnädigste Frau! was soll ich armer, alter, stumpfer Mann, der ich mein ganz Leben in den mühseligsten Zerstreuungen habe zubringen müssen, über unsre Litteratur sagen, was des Anblicks Seiner Majestät würdig wäre; wird es auch, bey aller Gnade von Ew. Königlichen Hoheit, die es begleitet, davor erscheinen können?

Seine Majestät werden meine patriotische Treue allein mit einem gnädigen Wohlgefallen bemerken können, womit ich die Hindernisse anführe, die den Fortgang unsrer Litteratur bisher so sehr erschweret haben, und womit ich die wenigen glücklichen Versuche Ihrer Aufmerksamkeit werth zu machen wünschte, die die Urkraft des deutschen Geistes in dieser muthlosen Lage dennoch hervorgebracht hat.

Wären es die Kriege allein gewesen, die, von der Zeit an, daß die vertriebenen Musen aus dem Orient in die Abendländer flüchteten, Deutschland zerritteten, so würde dieser deutsche Geist doch noch Kraft genug gehabt haben, unter allen diesen Unruhen, sich mit den andern Nationen zugleich auszubilden. Aber, daß unsre Musen in Deutschland kein eigentliches Vaterland, keinen Hauptsitz, keinen Schutzherrn haben; daß der größte Haufe unsrer Genies

in

in hundert kleinen Winkeln zerstreuet, einsam, ohne allen Schutz, ohne alle Ehre, ohne alle Gesellschaft, die ihren Geist ermuntern und anfeuren könnte, leben müssen, daß sie da, ohne alle Hülfsmittel, größtentheils bey einer geringern Einnahme nicht vermögend sind, auch nur die nöthigsten sich zu verschaffen, mit so mancherley andern, den Geist noch mehr erstickenden Geschäften, sich beladen müssen, um nur den nöthigen Unterhalt davon zu haben; daß die höhern Stände, die in Frankreich die Zierde und Stütze der schönen Wissenschaften sind, in Deutschland auf dieselben als für sie zu niedrig, und nur für den Bürgerstand gehörend, hinabsehen; die deutschen Gelehrten daher deswegen schon allein, weil ihnen dieser Vorzug gefehlet, von den Höfen und der großen Welt ausgeschlossen in einer dunkeln Entfernung gehalten werden; daß dieser, wenn auch noch so leere, oder auch noch so neue Vorzug, oft mehr als die ausgebildesten Talente gilt, und der Werth der Wissenschaften, so oft von der Entscheidung von Richtern abhängt, die eine Ehre darin setzen, sie nicht zu kennen; dies hat die deutschen Musen bisher schüchterner und muthloser gemacht, als alles Geräusch der Waffen.

Hierzu kommt noch, daß die deutsche Litteratur eben das Schicksal gehabt hat, was den Fortgang der römischen Litteratur so lange aufhielt. Rom hatte seine ganze Aufklärung den Griechen zu danken. Lehrer und Hofmeister wurden aus Griechenland geholt, um die Jugend zu bilden, und was von jungen Römern von Stande auf feine Sitten, auf Wissenschaft und Geschmack Anspruch machte, gieng nach Athen. Dies gab allerdings der Nation ihre Ausbildung, aber die Ausbildung ihrer Sprache und ihrer

rer Litteratur blieb auch so viel länger zurück; die
Griechen gaben den Ton, sie entschieden, ohne die lateinische Sprache selbst zu verstehn, daß dieselbe für
die Wissenschaften zu arm und zu rauh sey; man
glaubte ihrem Ausspruch; was von gutem Geschmack
seyn wollte, laß, redete und schrieb griechisch; bis
endlich Cicero das Herz faßete, seiner Muttersprache ihre Ehre zu geben und darinn zu philosophiren.

Die deutsche Litteratur hat eben das Schicksal
gehabt. Deutschland hat die Verfeinerung seiner Sitten und die erste Bildung des Geschmacks in den schönen Wissenschaften zuförderst der französischen Nation,
und besonders den Colonien zu danken, die der Ver-
folgungsgeist des Aberglaubens aus Frankreich ver-
bannete, und der große Churfürst in seine Staaten
aufnahm. Der edle und gefällige Wohlstand, die
feinen Sitten, und die edle ausgebildete Sprache öf-
nete diesen Flüchtlingen den Eingang an alle Höfe
und in alle große Gesellschaften; sie wurden auf einmal die Lehrmeister der deutschen Nation; mit ihrer
Sprache verbreiteten sie zugleich alle die vollkomme-
nen Meisterstücke ihrer Litteratur; Deutschland hatte
noch nichts damit zu vergleichen; der große Haufe
sah nur so viel mehr seine Sprache mit Schaam und
Verachtung an, und hielt sie nie einer feinern Ausbildung fähig; und der dadurch noch mehr zurückge-
setzte schüchterne Gelehrte, war, bey den übrigen Ursachen seiner Muthlosigkeit, selbst zu mißtrauisch,
nur den Versuch zu wagen.

So gab die französische Nation Uns und unsrer Sprache die erste Bildung, hielt aber den Fortgang unsrer Litteratur auch so viel länger zurück.

Ein-

Einzelne Genies thaten sich hier und da her-
vor. Mitten unter den barbarischen Verwüstungen
des deutschen Krieges, erschienen in Schlesien zwey
Edelleute, Opitz und Logau, deren Gedichte uns
noch Ehre machen; aber sie sangen wie ein paar
Nachtigallen in einem rauhen Frühjahre, in einem
noch unbelaubten Walde, wo sie niemand höret.

Der feine Witz in Canitzens Satyren beweiset auch, daß zu seiner Zeit die Sprache schon nicht
mehr zu rauh und zu arm gewesen seyn würde, wenn
sie sich in der großen Welt mehr hätte ausbilden
können.

Und wie an allen andern deutschen Höfen noch
kein andrer als barbarischer Canzleystyl war, da waren die Aufsätze eines Fuchs, Ilgen und Thule-
meyers, den Meisterstücken eines Herzbergs und
Zedlitz schon gleich; aber über dem ganzen übrigen
Deutschland hing noch eine zu dicke Finsterniß, als
daß diese einzelne Strahlen zur allgemeinern Aufklärung hätten durchbrechen können.

Thomasius war einer der ersten, der sich um
die deutsche Sprache verdient machte. Er für sich
hatte damit genug zu thun, daß er den Teufel und
die Hexerey verbannte, die scholastische Philosophie
von ihrem Throne stürzte, die Pedanterey und alle
die Vorurtheile bekämpfte, wodurch alle Wissenschaften noch verunstaltet waren, als daß er sich selbst der
deutschen Litteratur unmittelbar hätte annehmen können; aber er machte sich doch das große Verdienst
um die Sprache, daß er das Herz hatte, seine Vorlesungen in deutsch zu halten, und zum Glück schrieb
er selbst schlecht Latein. Alle Pedanten schrien über
die

die Einführung dieser Barbarey; aber es war schon ein großer Schritt zur Cultur der Sprache und zur Aufklärung der ganzen Nation.

Wolf hat um ihre Cultur und Bereicherung das erste und größte Verdienst, da er alle Theile der Philosophie, der theoretischen und practischen; die Natur und Geisterlehre, und alle Theile der Mathematik in deutsch schrieb. Hier lernte der Deutsche mit Bewunderung zuerst den eigenthümlichen Reichthum seiner Sprache kennen. Nur, da Wolf sich mehr bestrebte, deutlich, als schön und blühend zu schreiben, und deswegen die steife einförmige Lehrart wählte, die Sprache auch an sich die feinere Ausbildung noch nicht hatte, so fanden seine Schriften bey denen, die an die blühendere französische Lektüre gewöhnt waren, den Beyfall nicht.

Und dies war die Lage der deutschen Litteratur um die Zeit, da Se. Majestät den Musen noch einige Muße schenken konnten. Man würde damals immer Mühe gehabt haben, eine Bibliothek von 12 mit Geschmack geschriebenen deutschen Originalbüchern zusammen zu bringen. Aber mit der, für die Ehre und Freyheit von Deutschland so glorreichen, und in den deutschen Annalen ewig merkwürdigen Epoche, da Se. Majestät den Thron bestiegen, fängt auch die für die deutsche Litteratur so glückliche Epoche an. Der ausserordentlich huldreiche Schutz, womit Se. Majestät die Wissenschaften schon beehret hatten, gab auch dem deutschen Geiste Muth, daß er seine Kräfte anstrengte, um sich dieses Schutzes seines Königs würdig zu machen; und seit dieser Zeit hat dieser deutsche Geist, bey allen noch fortdaurenden Erschwerungen, bloß durch seine eigenthümliche ausdaurende
Kraft,

Kraft, und seinen nicht zu ermüdenden Fleiß, solche Fortschritte in der Litteratur gemacht, als vielleicht keine andre Nation, bey allen ihren Vorzügen, in einem gleichen Zeitraume je gemacht hat; so daß die deutsche Sprache jetzt nicht mehr die dürftige, ungebildete, rauhe Sprache ist, sondern in Reichthum sich mit jeder andern schon vergleichen, und in der Stärke vielleicht mit mancher auch um den Vorzug streiten kann. Und wenn sie gleich in allen Arten der schönen Litteratur unmöglich schon so viele vollkommene Meisterstücke haben kann, so hat sie doch von den meisten schon solche **Muster**, worinn sie sich mit jenen zu vergleichen wagen darf.

Hallers Gedichte und sämmtliche prosaische Schriften, **Klopstocks Meßias, Gesners** Idyllen und sein **Tod Abels, Wielands Agathon** und seine Ariostischen Romane, **Gellerts, Leßings** u. **Lichtwehrs Fabeln, Ramlers** und **Cramers Oden, Sulzers, Garvens, Mendelssons** und **Engels** Schriften, würden in Frankreich selbst, wenn genug verstanden, akademische Schriften seyn; da sie bey aller Verunstaltung, die sie zum Theil durch die Uebersetzung gelitten haben, dennoch von dieser eckeln Nation mit aller Hochachtung aufgenommen worden; und ungeachtet der Entfernung, worinn die Verfasser durch alle Provinzen von Deutschland zerstreuet wohnen, ist doch in keiner dieser Schriften die Provinz mehr zu kennen, sondern sie sind für ganz Deutschland klaßisch, als Schriften von einer einzigen Akademie; und würden nun selbst schon hinreichend seyn, den Geschmack der Nation ferner auszubilden; wie denn auch mit jedem Jahre unsre Litteratur mit ähnlichen Schriften noch mehr bereichert wird. Bey diesen Meisterstücken wird sie freylich mit jedem Jahre

auch

auch mit einer Menge von pedantischen, abentheuer-
lichen, wahnsinnigen Mißgeburten überhäuft; aber
dergleichen muß die ausgebildeste Nation unter sich
leiden, und wie vielmehr unser armes Vaterland, wo
jährlich wenigstens Fünftausend neue Bücher, (eine
schreckliche Manufaktur!) herauskommen. Nur hierinn sind wir Deutsche besonders zu beklagen, daß andre
Nationen, weil sie unsre Sprache und Litteratur so
wenig kennen, alle diese Mißgeburten und Wechsel-
bälge für ächte natürliche Kinder des deutschen Geistes halten.

Se. Majestät bemerken, daß es unsrer Nation
vorzüglich noch an großen Rednern, an guten dra-
matischen Autoren, und an guten Geschichtschreibern
fehle. Allerdings ist sie hierinn noch am meisten zurück geblieben. Sie hat noch keine **Maßillons**,
keine **Flechiers**, keine **Daguesseau's** und **Beau-
monts**. Aber was haben auch die **Maßillons** und
Flechiers, ausser dem natürlich größern Feuer ihres
Nationalgeistes, noch alles in Paris voraus, um
Maßillons und **Flechiers** zu seyn. Und bey allen natürlichen Talenten, die Se. Majestät den
Deutschen zugestehen, wird die eigentliche große
Beredsamkeit auch schwerlich eine unsrer ersten Na-
tionalvorzüge werden. In Frankreich sind, wie
ehemals in Rom, die Gerichtshöfe, der große
Schauplatz der edelsten Beredsamkeit; und nach
unsrer Verfassung muß auch die aufgeklärteste Gerechtigkeit in ihrem Heiligthume die Sprache der Barbarey immerfort dulden. Akademien, die dies Talent erwecken, und ausbilden könnten, haben wir
auch nicht.

Und

Und nach dem Geist unsrer proteſtantiſchen Kirche ſind auch die Kanzeln nicht der rechte Platz für
die blühende und feurige Beredſamkeit. In
der Römiſchen Kirche ſind ſie es mehr. Ihr prächtiger
und bildlicher äuſſerlicher Gottesdienſt und ihre
Heiligen, geben der Imagination des Redners darzu
eben den reichen Stoff, wodurch dieſe Kirche auch
die große Schule der Malerey geworden iſt. Der proteſtantiſche Gottesdienſt iſt ſeiner Natur nach ſimpler.
Da das Weſen der Religion in dem ernſtlichen Beſtre-
ben, Gott in ſeiner allgemeinen Liebe zum Guten ähnlich zu werden, und in der beruhigenden Verſicherung
von ſeiner Gnade und einer ſeligen Ewigkeit beſteht;
ſo iſt auch hiernach unſer Kanzelvortrag eingerichtet. Der Zuhörer ſoll die Wichtigkeit und Wohl-
thätigkeit dieſes großen Geſetzes ſeiner Religion, der
aus einer wahren Liebe Gottes entſpringenden Recht-
ſchaffenheit und einer allgemeinen Menſchenliebe, mit
Ueberzeugung empfinden, und durch das beutliche
Gefühl von dem Gewichte ihrer Bewegungsgründe
zu ihrer Ausübung erweckt werden. Simplicität mit
Licht und gemäßigter Wärme, erfüllet dieſen Endzweck
ſicherer, und macht auf das Herz einen baurendern
Eindruck, als die feurige blühende Beredſamkeit, bie
mehr auf die Imagination wirkt, deren Hitze aber
auch eher verfliegt, als bie Wärme des Herzens.
In dieſer Art von Beredſamkeit übertrift aber unſre
proteſtantiſche Kirche, ihre größten Franzöſiſchen und
Engliſchen Lehrmeiſter vielleicht jetzt ſchon. Und unter bieſen Rednern würde ſie auch Bourdalue's und
Maßillons haben, wenn ihr Geiſt ſie foderte. Berlin hat auch hierinn von je her die erſten Männer
gehabt, und hat ſie jetzt.

In

In Ansehung des **Theaters** sind wir am läng-
sten und weitesten zurück geblieben. Denn da das edle
französische Theater einmal gekannt war, da blieben
die deutschen pöbelhaften Schwänke und das Gesin-
del, was sie aufführte, mit einer so viel allgemeinern
Verachtung in die Buden auf den Jahrmärkten verwiesen. Und unsre Geistlichen, die mit diesem gesit-
teten Theater noch unbekannt, keine andre, als diese
sogenannte deutsche Komödie, kannten, eiferten dagegen mit Recht als gegen die Schule der schändlichsten Laster. Das gereinigtere Theater, das wir
nach und nach bekamen, bestand aus französischen
Uebersetzungen; aber der elende steife Ton dieser
Uebersetzungen machte auch die schönsten Originale
unleidlich; so wie man in dem **Valet** immer den
plumpen deutschen Hausknecht, und in dem **Mar-**
quis, wo er gieng und stand, den gemeinen Hand-
werkspurschen mit Unwillen immer vor Augen hatte.
Uebersetzung und Vorstellung wurde nach und nach
etwas besser; aber zu einem guten deutschen Natio-
naltheater war noch wenig Hofnung. Der Mann
von Geschmack wagte es nicht, seine Versuche mit
den Meisterstücken eines **Racine**, **Corneille** und
Voltaire in Vergleichung zu bringen; und da Deutschland keinen Nationalcharakter hatte, und unsre
Schriftsteller, die für das Theater zu schreiben anfiengen, keine andre Welt, als den Ort ihres Auf-
enthalts hatten, wo sie ihre Ideale hernahmen, so
blieb das Französische Theater unter uns in dem Besitz seiner Vorzüge; bis endlich der strebende deutsche
Geist sich auch hier in glücklichern Versuchen hervor-
that. Se. Majestät haben darunter selbst den **Post-**
zug bemerkt; und Ew. Königl. Hoheit erinnern sich
vielleicht auch noch mit Wohlgefallen der edeln sanften Stücke von **Engel**. Das größte Verdienst um
die

die Ehre des deutschen Theaters aber hat Leßing.
Seine Dramaturgie ist nach dem Urtheil der Kenner die scharfsinnigste Kritik über das Theater, die
auch Voltaire selbst, wenn er sie hätte lesen können,
hier und da mit kleinen Unruhen gelesen haben
würde; und seine Minna von Barnhelm, seine
Miß Sara Samson und Aemilia Galotti
würden auch für das Theater in Pariß und London unter die ersten Stücke gerechnet werden. Auch in dem
allererſten Versuche unsers Leisewitz, dem Julius v.
Tarent, sind Scenen, womit sich der erste Französische oder Englische Autor schmeicheln würde.

Die Historie war immer eine Hauptwissenschaft
der Deutschen; aber sie war mehr lästige Gedächtniß-
wissenschaft, deren größte Vollkommenheit in müh-
samer Zusammenhäufung von Thatsachen, und in
einer ängstlichen Genauigkeit, auch in den unbedeu-
tendsten Kleinigkeiten, bestand, als in einer pragma-
tischen Wahl. Einkleidung und Sprache galten dabey
nichts, weil Geschmack und Sprache überhaupt noch
wenig gebildet waren. Und die deutsche Geschichte
war mehr Kaisergeschichte, als Geschichte der
Nation. Maskow aber, der mit seiner Geschichte
auf einmal die Aufmerksamkeit und Hochachtung der
Ausländer auf sich zog, hat setzt schon mehr als
einen würdigen Nachfolger. Olenschlagers Geschichte des 13ten und 14ten Jahrhunderts ist zu
jener ein schätzbarer Pendant.

Die Geschichte der Deutschen, die der Würz-
burgische Professor Schmid mit dem großen und allgemeinen Beyfall bisher geschrieben, und bis an die
Epoche des Oesterreichischen Hauses ausgeführet hat,
ist wahre Geschichte der deutschen Nation, die man,

wenn

wenn man sie einmal in die Hand genommen, un=
gern wieder weglegt; und wenn der würdige Mann,
da er jetzt als Geschichtschreiber und Vorsteher aller
Archive nach Wien berufen ist, in seiner Fortsetzung
die Freymüthigkeit behält, die er bisher gegen den
römischen Hof bewiesen hat, so verdienet er den
größten Dank der ganzen Nation, die der Vollen=
dung der Osnabrückischen Geschichte, die Möser
nach dieser großen Idee, nach seinem Scharfsinn
schon anfieng, allenfalls mit so großer Erwartung
entgegen sieht.

Unser **Leisewitz**, den ich eben schon genannt
habe, arbeitet an einer Geschichte des deutschen Krie=
ges, die der schönste Pendant zu Robertsons Geschich=
te Carl des Fünften seyn wird. Und so bekommen
wir itzt immer noch mehrere glückliche Versuche in
größern und kleinern Werken, die sich durch Richtig=
keit, Wahl und Geschmack auszeichnen, so wie die
bisherigen pedantischen Lehrbücher, auch aus den ge=
meinen Schulen, durch die bessern die wir schon wirk=
lich haben, bald ganz werden verdrängt seyn. In
den Familien ist Rollins Geschichte indessen schon
immer ein einheimisches Lehrbuch gewesen.

Bey aller dieser schon so glücklichen Ausbildung
unsrer Sprache, muß sie aber doch noch beständig
den Vorwurf leiden, daß ihr Gang zu schwerfällig,
daß ihre Construktion zu verworren sey, und die
Härte und Rauhigkeit ihrer Töne das Ohr zu sehr
beleidige.

Denen, die an den leichtern und einförmigern
Gang der französischen Sprache einmal gewohnt sind,
müssen allerdings die lange Perioden, die eingescho=
be=

beuen Parenthesen, die gehäuften und zusammenge-
sezten Beywörter, die Versezung der Präpositionen,
die Trennung des Hauptworts von seinem regierenden
Verbum, und daß dieses erst am Ende der Perioden kommt, nothwendig die Sprache sehr schwer
machen. Aber iede Sprache hat ihren besondern
Gang, der erst gekannt seyn will; die lateinische
Sprache würde sonst, wegen ihren uns eben so ver-
worfen scheinenden Construktionen, und der langen
Perioden des Cicero eben den Vorwurf treffen. Da
in der französischen Sprache ein jedes Wort, ein jedes Verbum, und jede Partikel ihre angewiesene unveränderliche Stelle haben, so wird ihr Gang dadurch
allerdings deutlicher und leichter; aber ihre beßten
Schriftsteller tragen auch selbst die Fesseln mit Unwillen, die ihre Grammatiker ihnen damit angelegt
haben; und die, welche mit der Deutschen Sprache
nur einigermaßen bekannt sind, erkennen den Vorzug sehr, den wir hierinn durch die mehrere Freyheit
haben. Denn wenn der Gang unsrer Sprache dadurch gleich weniger leicht wird, wie viel gewinnet
sie in der Stärke, daß sie mit der Hauptidee, die
Nebenidee, durch die Parenthese unmittelbar ver-
bindet, dem Hauptworte durch drey bis vier Bey-
worte, wovon jedes seine eigene Nüance hat, seinen
vollen Ausdruck geben, auch der Präposition diejenige Stelle geben kann, die die Verstärkung des Sin-
nes oder der Wohllaut fordern, und daß am Ende des
Perioden endlich, die Hauptidee, wenn sie ihre ganze
Vollständigkeit und Stärke hat, in dem Verbo
sich entwickelt. Da unsre Grammatik hierüber keine
Regeln giebt, auch nicht wohl geben kann, sondern es
dabey mehr auf das feine Gefühl des Scribenten an-
kömmt, so ist der Mangel von diesem, und die oft
auch von sonst guten Schriftstellern, noch gesuchte

Ver-

Verwerfung der Construktion, allerdings der Grund
der dunkeln Schreibart, worüber alle Fremde sich mit
so viel mehrerem Recht beklagen, da wir oft selbst eine solche Periode ein paarmal durchlesen müssen, ehe
wir den Sinn davon fassen können. Aber dies ist
Mißbrauch, oder Mangel von Gefühl, das zu einer
guten Schreibart in jeder Sprache vorausgesetzt
wird.

Besonders aber hat sie, in der Zusammensetzung
der Beywörter, auch noch den ganzen Vorzug, der
der griechischen Sprache die so große Kraft im Ausdruck giebt. Und bey aller dieser Stärke ist sie auch
eben so wenig unbiegsam und rauh wie jene. Es
kömmt nur darauf an, daß der, der sie braucht, ihren
Reichthum genug in seiner Gewalt, und Gefühl und
Geschmack genug hat, denselben zu ordnen.

In Mendelsons philosophischen Schriften, ist
bey mehrerer Gründlichkeit und Stärke, der ganze
platonische Scharfsinn; in Engels seinen, der ganze
sokratische populäre Ton; in Gesner die volle sanfte
Natursprache des Theokrits; was ist Tyrtäus gegen
Gleim? Gellert, Leßing und Lichtwer haben
die volle Naivität des Phädrus; in Wielands
Schriften herrscht durch und durch die üppige Malerey, mit allen dem reizenden blendenden Colorit des
Ovids, Catuls und Ariosts; und in Ramlers
Oden herrscht der volle hohe Schwung von Horaz.
Man macht ihm den Vorwurf, daß er zuweilen dunkel sey, aber dies ist die Natur der Ode, und Horaz
wollte, um ganz empfunden zu werden, auch in Rom
studirt seyn.

Daß ich nur den edlen Kleist noch nenne; was
ist blühender und reizender als sein Frühling, sanf-

E   ter

ter als seine Idyllen, feuriger als seine Ode an die
Preußische Armee!

Von der musikalischen Harmonie der einen
Sprache vor der andern, kann ich nicht urtheilen.
Da ich die Musik eigentlich nicht höre, sondern nur
empfinde, so habe ich meine Empfindung auch immer, nicht sowohl dem Ton der Sprache, als dem ge-
fühlvollen Ausdrucke des Dichters und des Compo-
nisten zugeschrieben. Der Sänger wird zwar immer
diejenige Sprache vorziehen, die die meisten Vokalen hat, weil er darinn die zarte Biegsamkeit der Kehle und die Stärke seiner Brust am meisten zeigen
kann. Aber Musik als Natursprache genommen,
muß in einer zu weichen Sprache auch verlieren, und
eine Menge, zarter sowohl als starker Empfindungen,
nicht genug ausdrücken können, die sich in der deutschen Sprache aufs glücklichste ausdrücken lassen müssen, wenn anders der Dichter sie genug besitzt, dabey musikalisches Gefühl genug hat, und der Com-
ponist den Ausdruck des Dichters genug versteht.

Ich zweifle, ob Graun in seiner Composition
über den Tod Jesu, nach einem Text in irgend einer
andern Sprache, den unaussprechlichen sanften,
rührenden, starken, herzerhebenden Ausdruck gefunden
haben würde, wozu ihm Ramlers Text die Veranlas-
sung gab; und in dem Lobgesange von Haßens Pil-
grimmen, hat in dem unterlegten deutschen Text
die Musik alle die herrliche Harmonie, als wenn Haße
nach diesem Text componiret hätte.

Ueberhaupt wird die Natur der Sprache, mehr
durch die Consonanten, als durch die Vokalen gebildet;
und diese originale Natursprache, ist vielleicht in keiner
Spra-

Sprache mehr so merklich als in der deutschen. In
der französischen hat sich diese Originalität, weil sie
mehr Veränderung erlitten, weniger erhalten können; in allen deutschen Stammwörtern ist hergegen
der Ausdruck, der von der Natur darzu eingerichte-
ten Organen, noch so kenntlich, daß der, der die
Sprache auch nicht versteht, in hundert Worten
ihn nicht fünfmal verfehlen wird: und habe ich den
Scharfsinn des Präsident de Brosse deswegen so viel
mehr bewundert, daß er in seinem Mechanisme de
Langage diese Natursprache der Organen so fürtref-
lich bemerkt und erkläret hat, da sie in seiner Sprache
so ungleich weniger noch merklich ist.

Die deutsche Sprache hat auch dadurch in ihrer
Harmonie noch vieles voraus, daß sie das genaue
Sylbenmaaß hat, und daher auch in ihren Gedichten, das griechische Sylbenmaaß, dem Klopstock die
ganze harmonische Vollkommenheit gegeben, so glücklich angenommen hat; da hergegen die französische
Poesie zu ihrer Harmonie den Reim nie wird ent-
behren können.

Und wie wenig die vielen Consonanten, die unsre Sprache hat, sie hart und rauh machen, auch davon ist die griechische Sprache wieder der Beweis,
die außer den vielen, dem Gehör widrigen Diphton-
gen von oi und ai, eben die Zusammensetzung so vieler Consonanten, (wie hart ist die Zusammensetzung
des Worts Diphtong schon) und eben die häufigen
Gutturalen hat, die jetzt Franzosen und Italiäner,
nur allein von den rauhen deutschen Kehlen möglich
halten ausgesprochen zu werden; und doch waren sie
den sanften griechischen Kehlen, wodurch man glaubte, daß die Musen sich allein ausdrücken könnten, ganz

ge-

geläufig. Nur muß freylich das Ohr an den Ton, ehe er gefallen kann, gewohnt, und noch mehr muß das Sprachorgan selbst gebildet seyn. In einer rauhen hölzernen Kehle, einem vollen aufgerissenen Munde, und bey einer lahmen dicken Zunge schlept, holpert und knarret alles. Ein Gedicht von Bernis in dem Munde eines gemeinen Normanns oder Gaskons, und ein Lied von Anacreon oder eine Idylle von Theokrit in dem ungebildeten Munde eines gemeinen Bayern oder Westphälingers!

Da Se. Majestät selbst für die beßre Cultur unsrer Sprache und Litteratur die huldreichste Fürsorge beweisen, so hoffe ich nicht, daß diese patriotische Freymüthigkeit, womit ich deren bisherigen Fortgang vorstelle, Ihnen mißfallen werde.

Es wäre indessen die lächerlichste und vermessenste Unwissenheit, wenn wir uns deswegen mit der französischen Nation hierinn schon vergleichen wollten. Als Nation sind wir darinn noch sehr zurück. Es sind zum Theil nur erst, von glücklichen Genies bearbeitete einzelne Versuche, und noch zu einzeln, als daß sie von Ihro Majestät schon hätten bemerkt werden können; indessen daß die Erhaltung des Gleichgewichts von Europa, die Beschützung der Freyheit von Deutschland, die Beförderung eines blühendern Wohlstands ihrer eigenen Staaten, durch eine vollkommenere Gesezgebung, durch ein ausgebreiteters und blühender Commerz, und durch eine vollkommenere Einrichtung aller Stände, die Aufmerksamkeit Ihres großen Geistes erforderten, und die Erhaltung dieser allgemeinen Wohlfahrt und Ruhe, die Bildung einer Armee zugleich nöthig machte, deren Taktik die Cäfars und Turennen für unmöglich gehalten haben würden.

Und doch ist die Bildung, die unsre Sprache indessen bekommen hat, eine Frucht des allgemeinen huldreichen Schutzes, wodurch seine Majestät unter diesen Ihren Königlichen Geschäften, die Wissenschaften ermuntert, und der Denkungsfreyheit, die Sie der Menschheit, als ihr erstes Recht, wieder vindiciret haben.

Der wohlthätige Einfluß der Sonne giebt jeder Blume ihre Schönheit und jeder Pflanze ihre Fruchtbarkeit, wenn sie auch im schattigten Thale von ihren Strahlen nicht unmittelbar beschienen werden.

Auch hat unsre Sprache diese ihre Cultur ganz durch diejenigen Mittel bekommen, die Se. Majestät die Fürsorge haben, dazu vorzuschlagen.

Die erste Verfeinerung hat sie zuförderst den Uebersetzungen der guten französischen Schriften, und noch mehr der frühen allgemeinen Bekanntschaft mit den Originalen selbst zu danken, weil die Uebersetzungen größtentheils von solchen Leuten gemacht wurden, die selbst noch nicht Geschmack genug hatten, die Schönheit der Originale zu empfinden, noch Sprache genug, um alle die feinen Schattirungen auszudrücken.

Mit den Uebersetzungen aus dem Englischen, weil diese Sprache noch weniger gekannt war, gaben sich mehr Männer von Geschmack ab, und daher sind die Uebersetzungen der englischen Schriften von unserm

Pro-

Profeſſor Ebert ſelbſt wieder die ſchönſten Originale in unſrer Sprache.

Und ſo bekam, durch die Bekanntſchaft mit dieſen beyden Sprachen, die unſrige ihre erſte gute Bildung. Denn davon lernte ſie die feinern Wendungen, überkam das feinere Colorit und die edlen Bilder, die jene Sprachen, durch die längere und nähere Bekanntſchaft mit den Schriften der Alten, ſich ſchon zu eigen gemacht hatten.

Und nunmehr; da dieſe beyde Sprachen beynahe ſchon einheimiſch bey uns geworden, und unſre Jugend mit den Originalen ſelbſt gleich bekannt gemacht wird, ſo fangen die Ueberſetzungen ſchon an entbehrlich zu werden.

So wie die ſchönen Künſte ſich unter uns mehr und mehr verbreiten, ſo bekömmt unſre Bilderſprache, auch dadurch wieder ein ſo viel ſchöner, reicher und kräftiger Colorit. Und nun, da die Lectüre der Alten, und beſonders der Griechen, mit ſo vielem Geſchmack und Eifer anfängt betrieben zu werden, ſo muß die Sprache, in eben dem Maaße, an Reichthum und Schönheit auch noch immer mehr gewinnen.

Sobald die aus dem Orient geflüchtete Muſen ihren alten Sitz in Italien wieder gefunden hatten, ſo wurden ſie auch in Deutſchland mit eben der Bereitwilligkeit aufgenommen. Was ihnen dort die Medicäer waren, das waren ihnen hier in Deutſchland die Fugger und Welſer. Mit einem bewundernswürdigen Eifer ſuchten die deutſchen Gelehrten die Bekanntſchaft mit den beſten Werken der Alten

durch

durch ihre Ausgaben zu erleichtern, und durch ihre
Uebersetzungen den Geschmack an denselben allgemein
zu machen, so daß auch, in dem Einem Jahrhundert,
Deutschland die vornehmsten Schriftsteller schon in
seiner Sprache lesen konnte, und die Nation dadurch,
ihre Aufklärung so früh, als einige andre Nation, er=
halten haben würde. Aber in den unglücklichen Krie=
gen, die, von der Intoleranz des alten Despotismus,
des Aberglaubens, und von der Eifersucht der noch
nicht genug befestigten Gewissensfreyheit, angefeuret,
Deutschland volle anderthalb Jahrhundert zerstörten,
verschwand diese glückliche Aufklärung auch wieder.

Die alten Schriftsteller behielten zwar auf den
Universitäten und Schulen ihr Ansehen und ihre
Würde; aber sie wurden eigentlich nur ihrer Sprache
und der Alterthümer wegen studirt; die Gelehrsam=
keit gewann dabey, aber die Cultur der deutschen
Sprache blieb dargegen auch so viel mehr vernach=
läßigt. Aber nun, da seit der allgemeinen Verfeine=
rung des Geschmacks, die alte Römische und Grie=
chische Litteratur, und besonders diese letztere, auch
als die Quelle alles Schönen, mit dem großen
Eifer wieder betrieben wird, daß wir von den besten
Schriften zum Theil auch schon so vollkommene
Uebersetzungen wieder haben, als einige andre
Sprache; da die Griechische Litteratur herrschender
Nationalgeschmack zu werden anfängt; da ein ar=
mer Conrector zu Seehausen alles das feine Gefühl
des Griechischen Schönen, von seiner Schule schon
mit nach Italien nahm, wodurch er in Rom, der
Lehrmeister der stolzen Antiquarier und der Freund
Albanis ward; da Leßing, ehe er noch Italien
gesehen, bloß nach seiner vertrauten Bekannt=
schaft mit dieser Litteratur, eine Abhandlung über

den

den **Laocoon** schrieb, deren auch der erste Römische Antiquarier sich rühmen würde; da auch
unsre Großen jetzt in dieser Bekantschaft mit der
alten Litteratur ihr Vergnügen suchen; da ein bey Sr.
Majestät zu Breßlau, während der Teschenschen Frie-
benshandlung, sich aufhaltender Minister, mitten unter diesen seinen wichtigsten Geschäften, sich eine Erholung daraus machte, *) aus den ersten Quellen dieser Litteratur, die unüberwindliche Ueberlegenheit der
deutschen Waffen über die Römer zu erweisen, und
das eigentliche Stammland dieser heroischen Nationen, die das römische Reich endlich ganz zerstörten,
auszumachen; dabey auch noch in zween der fürtref-
lichsten Proben aus dem Tacitus, Sr. Majestät den
Beweis vorzulegen, daß die deutsche Sprache, bey
voller Deutlichkeit, aller der gedrungenen nervigten
Kürze fähig ist, die Tacitus bey seiner oft räßelhaf-
ten Dunkelheit nur erreichen kann; da auch noch ein
Minister Sr. Majestät, unter seinen vielfältigen und
wichtigen Geschäften, in eben diesem vertraulichen
Umgange mit den alten Schriftstellern, diese Erholung
findet; und ein Graf von **Stollberg** uns eine Uebersetzung vom **Homer** giebt, worinn der wahre Geist
dieses alten Meistersängers vielleicht am vollkommen-
sten mit erhalten ist; da diese Litteratur auch als
Quelle des Schönen auf allen unsern hohen Schulen
mit dem glücklichsten Eifer betrieben wird; da diese
darinn Lehrer haben, die von ganz Europa für die
ersten erkannt werden, und in deren Schulen sich
immer mehrere Lehrer bilden, die diesen guten Geschmack auch in ihren Schulen wieder einführen, wovon besonders die Berlinschen Lehrer, durch den ho-

hen

---

*) S. die Vorerinnerung zu dessen Abhandlung von den
Ursachen der Ueberlegenheit der Deutschen über die
Römer.

hen Schutz Sr. Majestät und durch den Vorgang
des Ministers ermuntert, so viele vorzügliche Beweise geben, und Engel kürzlich noch auf eine so für-
trefliche Art gewiesen hat, wie selbst die Dialogen
des Plato, neben der Bildung des Geschmacks, statt
einer Logik in den Schulen angewendet werden können: so braucht Deutschland, zur fernern Bearbeitung seiner Litteratur, keinen Prometheus mehr,
um das Feuer dazu erst vom Himmel zu holen; ein
Strahl von Fridrichs Throne ist allein genug, den
schon erweckten Geist noch ferner anzufeuren.

Indessen wird es, ungeachtet alles diesen glücklichen Fortganges, doch noch lange währen, ehe die
Ausländer mit unsrer Litteratur bekannt werden, und
ihr die Gerechtigkeit, die sie verdienet, werden widerfahren lassen. Unsre besten Schriften verlieren zu
sehr in den Uebersetzungen; und unsre Sprache bleibt,
als Originalsprache immer zu schwer, in ihrer Vollkommenheit erlernt zu werden. Könnten wir es indessen nur erst von uns erhalten, daß wir unsre alten
gottischen Buchstaben aufgäben, so würde auch dieß
die nähere Bekanntschaft mit unsrer Sprache schon
etwas erleichtern.

Se. Majestät geben uns zwar die schmeichelnde
Prophezeihung, daß unsre Sprache und Litteratur
sich durch ganz Europa von Orient bis zum Occi-
dent noch verbreiten werde. Ja wenn unsre Wünsche
das Leben Sr. Majestät verlängern könnten, so würden Sie selbst die Prophezeihung noch erfüllen können. Indessen werden sie die rauhen und öden Felsen, und die unbebauten Gegenden, die hier und
da in unsrer Litteratur noch übrig sind, unter Ihrem hohen und wohlthätigen Schutze, noch in
schöne

schöne belaubte Hayne und in blühende fruchtbare Gefilde mit Wohlgefallen verwandelt sehen.

Es lebe der König!

Ich bin in tiefster Ehrfurcht

Durchleuchtigste Herzoginn,

Gnädigste Herzoginn und Frau!

Ewr. Königl. Hoheit

unterthänigster, getreuester und
gehorsamster Diener,

Jerusalem.

Schreiben
von der
deutschen Sprache
und
Litteratur
von
Prof. Tralles.

Eure — wissen bereits, was für eine beschwerliche und langwierige Krankheit ich seit einigen Wochen ausgestanden habe. Meinen ersten Zeitvertreib auf meinem Krankenbette hat mir die Abhandlung de la Litterature allemande, die, wie ich vermuthe, an Eure — gerichtet ist, verschaffet. Da viel tausend Leser, die der Beurtheilung fähig sind, die Stärke des Geistes, den weiten Umfang der Einsichten, die gedrungene Menge der Sachen, den höchst angenehmen Vortrag, und andre Vortreflichkeiten, welche diese Schrift lesens- und verehrungswürdig machen, an dem erhabenen Verfasser derselben bewundern; so ist wohl der arme niedrige Beyfall, den ich dazu setzen wollte, sehr entbehrlich. Inzwischen unterstehe ich mich Euer —, so als wenn ich die Erlaubniß hätte, mit Hochdenselben mündlich zu sprechen, nach meiner Aufrichtigkeit mein herzliches

Be=

Betrübniß zu eröfnen, welches ich bey dem aufmerksamen Durchlesen unter vielfältigen Stellen, die mich ergößet und erbauet, über die gar zu nachtheiligen Begriffe, die ich in Ansehung der heutigen Beschaffenheit der deutschen Sprache darinn angetroffen, in meinem Inneren empfunden habe. Der erhabene Verfasser hat es durch die von Jugend an bezeigte Neigung zu der französischen Sprache, darinn so weit gebracht, daß man in Paris, bey dem Eloge de Voltaire, darüber erstaunet ist, und öffentlich behauptet hat, man hätte es bisher für unmöglich gehalten, daß ein gebohrner Deutsche fähig werden könnte, sie in solcher Stärke und Schönheit, in so körnichten Ausdrücken zu schreiben. Ich bin indessen überzeugt, daß unsere deutsche Muttersprache, zu unsrer Zeit in allen diesen Stücken, es eben so hoch gebracht, und im allergeringsten nicht Ursache habe, deswegen auf die Franzosen eifersüchtig zu seyn. Hätte der Königl. Schriftsteller, dessen erhabene Seele alles erreicht, was sie erreichen will, sich mit eben dem Eifer, mit eben der Neigung auf die Kenntniß der deutschen Sprache beflissen, so würde Er alle diejenigen, die ihre Stärke und Schönheit, so wie Eure — in ihrer Gewalt haben, noch übertreffen; so würde Er der erste Lehrer und das erste Muster in derselben geworden seyn.

Dieser sonst so sehr große Kenner der Wissenschaften glaubt, die deutsche Sprache sey verwirrt, und schwer zu bearbeiten, sie habe wenig Wohllaut, sie sey auch nicht reich an Metaphern, die doch nothwendig sind, um neue Wendungen und Anmuth in ausgebildete Sprachen zu bringen. Er glaubt, sie sey noch halb barbarisch und roh, und es fehle ihr alle Harmonie. Die Proben, die Er anführet, und

von

von denen man zugestehen muß, daß sie sehr elende
und abgeschmackte Ausdrücke enthalten, beweisen,
wo ich mich nicht sehr irre, weiter nichts, als daß
es ehedem sehr schlechte Deutsche gegeben, die es in
ihrer Sprache nicht weit gebracht, und sie so gar be-
schimpfet haben, aber noch nicht, daß alle heutigen,
eben von dieser Art sind. Heineccius, welcher für
die lateinische Sprache Elementa stili cultioris geschrieben, hätte sie auch für die deutsche schreiben können. Man hat mich versichern wollen, daß die angeführte erschröckliche dumme Phrase: Ihre Majestät glänzen wie ein Karfunkel am Finger
der itzigen Zeit, nicht aus seiner, sondern aus der
Feder eines irren Professors in Frankfurt, Eberti,
geflossen sey. Sie komme aber, woher sie wolle,
so ist und bleibt sie höchst einfältig und lächerlich, und
wenn alle heutigen deutschen Schriftsteller etwas Aehn-
liches vorbrächten, so müßte man sich schämen, und
unsere Landesleute für halb blödsinnig erklären. Aber
Gottlob, es giebt klügere, und richtig denkende Köpfe unter ihnen, in einer nicht kleinen Anzahl.

Erlauben Sie mir: daß ich Ihnen einige Proben zuschicke, die allein unsern großen Monarchen,
für den mein ganzes Herz voll schuldiger Ehrfurcht
und Treue ist, betreffen. Eure — haben meine
lateinische Schrift: de animae existentis immatera-
litate geneigt angenommen; in der deutschen Uebersetzung, die ich selbst gemacht, steht S. 156 folgende Stelle: „die größesten Weltweisen unter den
„Heiden, und unter ihnen Sokrates und Plato,
„behaupten, daß die Art und Weise, wodurch es
„Gott machte, daß wir dächten, eine Erleuchtung
„sey, die aus einer unerschöpflichen Quelle entsprin-
„ge, und die menschliche Vernunft wäre ein Licht,
was

,, das daher seinen Ursprung hätte. Es sey mir
,, erlaubt, da ich keinen vortreflichern und erhabnern
,, Beweis, bey der größten Anstrengung der Kräfte
,, meines Nachdenkens ausfinden kann, der es un=
,, widersprechlich machet, daß die angeführten Wei=
,, sen diesen Satz mit dem größten Rechte behauptet
,, haben, mit der treuesten und tiefesten Verehrung,
,, den glorreichen Namen meines theuersten Landes=
,, vaters, unsers großmächtigsten **Friedrichs**
,, zu nennen. Die ganze gelehrte Welt weiß es, sie
,, stimmet darin überein, und bewundert es, daß
,, dieser weiseste Monarch die Kräfte von mehr
,, als tausend sehr hellen und lichten Seelen in sei=
,, ner einzigen vereiniget, und gleichsam zusammen
,, gedrungen besitze. Wenn man auch alle diese See=
,, len, ob es schon niemals erwiesen werden kann,
,, als materiell ansehen wollte, so müßte doch die
,, Seele dieses großen Königes, da ihre Kraft und
,, Schärfe im Denken, über die allgemeinen ver=
,, sammleten Denkungskräfte der Sterblichen so hoch
,, erhaben ist, nothwendig für immateriell gehalten
,, werden. Er siehet die Dinge nicht in einer sich
,, nachfolgenden Erzeugung der Begriffe, die bey ei=
,, nigen Gelehrten sehr schnell ist, aber doch nur hin=
,, ter einander entstehet; sondern er siehet sie, wie
,, es scheinet, gleichsam als mit vielen Augen auf ein=
,, mal; er siehet sie mit einem Blicke durch und
,, durch; er prüft und erlanget sie mit der stärksten
,, Beurtheilung, und bringet bis in ihre innersten
,, Tiefen. Er betrachtet die Thaten der Menschen,
,, auf dem ganzen Erdboden, die von seiner ersten
,, Schöpfung an geschehen sind, als wenn sie noch
,, geschähen. Er machet sich die vornehmsten und
,, wichtigsten Begebenheiten in der Geschichte, mit=

,, ih=

„ ihren merkwürdigsten Ursachen und Folgen eigen;
„ und stellet sie sich in einer zusammenhangenden
„ Ordnung vor. Er wendet die Regierungskünste,
„ die durch alle Jahrhunderte gegolten, zu seinem
„ und seiner Völker Nutzen an. Er verstehet die
„ Tugenden und Fehler der gekrönten Häupter, die
„ jemals gewesen, und weiß jene sehr geschickt nach-
„ zuahmen, diese sehr vorsichtig zu vermeiden. Sei-
„ ne unüberwindliche Kriegesheere kennet er nicht al-
„ lein, nach allen denen Legionen und ihren Anfüh-
„ rern, sondern bis auf den gemeinen Soldaten. Er
„ stellet sie sich als eine einzige kriegerische Schnell-
„ kraft und Triebfeder vor, die mit der äußersten
„ Geschwindigkeit und unglaublicher Stärke auf den
„ ersten Wink wirksam und thätig ist. Alle seine
„ Krieger hat er durch sein großes Beyspiel unerschro-
„ cken und feste gemacht, und durch sein Anführen
„ überwinden gelehret. Mitten in der Heftigkeit der
„ Schlachten, wenn ein zweydeutiger Ausgang nahe
„ war, hat er mit der größten Gegenwart des Gei-
„ stes in unbegreiflicher Geschwindigkeit und Wen-
„ dung, das Widrige in das Glückliche zu verwan-
„ deln gewußt. Nunmehr da er nach so vielen er-
„ fochtenen Lorbern den Oelzweig des Friedens sich
„ um die Schläfe gewunden, reiset er mit flüchtigem
„ Nachsinnen durch Erden und Flüsse. Er erfor-
„ schet und prüfet die Verrichtungen, Handlungen
„ und Gewerbe der Völker, und gebrauchet die ge-
„ sammelten Nachrichten, Erfahrungen und Einsich-
„ ten zu seinem Nutzen. Er erräth und ergründet
„ die Geheimnisse der Höfe und der Kabinetter. Nach-
„ dem Er größer als Justinian, die ausgesuchtesten
„ Gesetze vorgeschrieben, die andern Großen der Welt,
„ welche die Gewalt haben Gesetze zu geben, bis zum
„ Bewundern und Nachahmen wohlgefallen, erhält

Er

„ Er durch Gerechtigkeit, Weisheit und Güte die
„ öffentliche Ruhe und Zufriedenheit. Von seinen
„ wichtigen Beschäftigungen müde, wenn anders ei-
„ ne in Beschäftigungen lebende Seele kann müde
„ werden, steigt Er als ein anderer Apollo auf den
„ olympischen Gipfel. Er unterscheidet die philoso-
„ phischen Grundsätze und Lehren von philosophischen
„ Träumen; Er durchstreifet den ganzen weiten Um-
„ fang der schönen Wissenschaften; und von allen
„ Musen verehret, zeigt Er sich als ein Meister in
„ ihrer aller Künsten. Er übertrift in seinen Liedern
„ die Schönheiten der alten und neuern Dichter,
„ und spielet die von ihm selbst nach den neuesten
„ Regeln gesezten angenehmsten Stücke mit der größ-
„ ten Stärke, Reinigkeit und Lieblichkeit auf seiner
„ Querflöte. Er ist sogar in dem Felde der Arzney-
„ wissenschaft zu Hause, welches ich selbst vor dem
„ Krankenbette seines geliebten Bruders, des Prin-
„ zen Ferdinand, mit Erstaunen erfahren habe.
„ Ich verschweige alle übrigen Ihm vom Himmel
„ herab eingeflößten Gaben, damit ich sie, wenn ich
„ viel zu schwach und viel zu niedrig davon handle,
„ durch eine mangelhafte und unwürdige Beschrei-
„ bung nicht entweyhe. Dieß glänzende Licht der Ver-
„ nunft also, welches sich durch beyde Welten aus-
„ breitet, was aus dem Innersten der Gottheit,
„ wenn ich so reden darf, entsprungen ist; was der
„ göttlichen Natur nahe kömmt, und ihr nacheifert;
„ dieser helle Strahl, der aus dem Ocean des Lichts
„ und der Klarheit herausgeflossen, kann nicht ver-
„ dunkelt und ausgelöschet werden, sondern bleibet,
„ wenn die körperliche Maschine zerfällt, ganz gewiß
„ übrig; und kehrt zu seinem hohen Ursprunge zu-
„ rückgebrochen wieder. Dieß ist die größte durch
„ alle Ewigkeiten fortdaurende Ehre, des höchsten
„ und des niedrigsten Menschen. ”   Nach

Nach dieser Prose wage ich noch ein Paar Sinngedichte von meiner Arbeit herzuschreiben.

Auf Se. Maj. tiefe Einsichten in die Medicin nach meinem überstandenen Examen.

Herr! in der Denkungskraft umschränkt durch keine Bande,
Du kennest und durchsiehst mit göttlichem Verstande
Der Wissenschaften Licht, und den gelehrten Dunst,
Dein heller Geist durchdringt so gar die Heilungskunst:
O schaffe drum der Wuth des Kriegesfiebers Ruh,
Und binde, weil Du kannst, Europens Wunden zu;
Vereinter Mächte Rath hilft ohne dich zu wenig,
Sey Du sein größter Arzt, so wie sein größter König.

Als ich einige schlechte Gedichte, auf Se. Maj. zu Gesichte bekommen hätte.

Held! den die grau und jüngre Zeit mit keinem Helden
kann vergleichen,
Welch vor Dich stets zu niedrig Lied kann Dein erhabnes
Lob erreichen?
Ist von so seltnen Eigenschaften an Dir die kleineste
nicht klein,
Wie groß muß bey so vielen Grössen, davon die aller-
größte seyn!
Homer war gültig vor Achillen, und vor Äeneden ein
Virgil,
Wer ists? der stärker als sie beyde, von Deinen Tha-
ten dichten will?
Du, der Du Cron und Lorber trägst, kannst Dich mit
Feuer auf eignen Schwingen,
Zum Wunder der gelehrten Welt, selbst in die Ewigkeiten
singen.

Wenn ich mir nicht selbst gar zu sehr schmeichle,
so haben zwar freylich alle meine Ausdrücke, durch
das grosse Object, welches ich vor Augen gehabt,
ihre Kraft und ihr Ansehen erhalten, aber sie haben
doch auch an sich nichts rohes, unverständliches,

F

übel-

übelklingendes, mattes, sondern eher doch etwas er-
habenes. Man hat mir auch versichern wollen, daß
in meinem sich nicht durch und durch gleichen Gedichte über das Schlesische Riesen = Gebürge einige
Stellen befindlich wären, welche nicht zu schlechten
Einfällen gehörten.

Aber was bin ich gleichwohl gegen andere grosse
Redner und Dichter, die alle dem erhabenen Verfasser unbekannt zu seyn scheinen und vielmehr wirklich sind, vor ein armer niedriger Mann! Es rühmt
derselbe unter den ersten den einzigen Quandt. Ich
entsinne mich sehr wohl, daß ich ihn wegen seiner
männlichen Beredsamkeit loben hören, von seinen Reden, die er gehalten, habe ich wenigstens keine gedruckt gesehen und auftreiben können. Inzwischen
wo ich mich nicht irre, hat Piet in Königsberg, der
in meiner Jugend zu den besten Dichtern gerechnet
ward, und den ich noch heute hoch halte, einige Gedichte ihm zu Ehren verfertiget, die seinen Ruhm
nicht untergehen lassen werden. Schon Luther hat
um die deutsche Sprache große Verdienste gehabt.
Seine Uebersetzung der Bibel, vor welcher keine von
dieser Art da war, ist rein, verständlich und voll
Nachdruck. In den Psalmen und Sprüchen Salo-
monis findet man recht prächtige Ausdrücke. Freylich ist nachher und in unsern Zeiten die Stärke und
Schönheit der Sprache viel höher gestiegen, als sie
damals in ihrer unausgebildeten Jugend war. Unser ehemaliger Inspector Casper Neumann hat vortrefliche Reden gehalten. Und wer wollte es denjenigen, die von Mosheim, von Jerusalem,
Reinbeck, Cramer, Sack, Spalding, Tie-
de, Zollikofer, Stölzel und andern gehalten,
und gedruckt worden, absprechen, daß diese Chryso-
stomi in der deutschen Sprache alles das geleistet,

was

wás ehemals Chrysostomus in der griechischen. Auch
meine Vaterstadt Breslau hat angenehme Kanzelred-
ner, die, wenn sie unparteyische Kenner hören, sich
selber loben, ohne daß ich sie nennen und loben darf.
Die Beredsamkeit wird wenigstens in Schulen und
auf den Kanzeln ausgeübet, und an beyden Orten,
besonders in den leztern, erscheinet sie vornehmlich in
ihrer Schönheit und Stärke. Wer an dem Inhalt
solcher Reden keinen Geschmack findet, der wird sie
freylich nicht hören und nicht lesen, und dem werden
alle ihre ausbündige Annehmlichkeiten unbekannt bleiben. Die Kunst des Mahlers bleibt immer die nehm-
liche, ob er das wohlgetroffene Bild eines wirklichen
Helden, oder das Unding des Kriegesgottes Mars,
ob er die Anmuth einer wirklichen schönen Prinzeßin,
oder einer nicht existirenden Venus darstellet? In den
alten Scribenten, in dem Livio und andern findet
man vortrefliche Reden, welche die Heerführer an
ihre Kriegesleute vor den zu liefernden Schlachten gehalten, die ihnen Feuer und Muth eingeflösset. In
unsern Tagen würden dergleichen teutsche Reden wenigstens so häufig nicht aufzubringen seyn; aber man
würde doch eine Sammlung von solchen liefern können, welche große Staatsmänner gehalten, wodurch
die Gemüther der Zuhörer ungemein gerühret worden. Die gedruckte Lobrede Lohensteins, die auf
den lezten Herzog zu Brieg gehalten, ist schön. Man
hat sie des Plinii Panegyrico auf den Trajan an
die Seite gesezt. Auch Lohensteins Arminius,
den er noch dazu unter seinen Gichtschmerzen dictiret,
ist in schönem Deutsch geschrieben. Gottscheds
historische Lobrede auf den Freyherrn von Wolff ist
ein Beweis, daß unsere Muttersprache reich an be-
deutenden Worten sey, welche die Kunst auf eine angenehme Art zusammen fügen kann. Man table
und verachte Gottscheden, wie man will, er wird den-

noch

noch bey allen Unpartheyischen immer ein um die
deutsche Sprache höchstverdienter Mann bleiben. In
Wien, wo ehemals ein wunderbarer Dialect herrsch-
te, stehet diese Sprache itzt auf einem ziemlichen Gipfel der Schönheit, und Reinigkeit. Herr v. Son-
nenfels hat in seinen Vorlesungen seine Stärke in der
deutschen Sprache bereits gezeiget. Gellerts mo-
ralische Vorlesungen, Hallers Briefe über die Of-
fenbarung, Mendelsons Phädon, Wielands
Agathon könnten denjenigen zum Muster dienen, die
rein, schön und nachdrücklich, deutsch reden und
schreiben lernen wollen. Jerusalems Betrachtungen über die Religionswahrheiten sind in einem laco-
nisch majestätischen Styl verfasset. Sulzers mo-
ralische Betrachtungen über die Schönheiten der Natur sind von großem Werth, eben so Duschens
Briefe zur Bildung des Herzens. Der Christ in
der Einsamkeit pranget in einem bündigen, reinen
Deutsch. Maskov, Schlözern und Schröckhs
Biographien kann man wegen der Sachen und wegen der Sprache nicht ohne Vergnügen lesen. Stark
und Sturm verdienen allen Beyfall, und was hätte ich nöthig mehrere deutsche Schriftsteller zu erweh-
nen, da die angeführten hinreichen, den hohen Werth
unserer Sprache unwidersprechlich zu machen.

Ich komme zu den deutschen Uebersetzungen.
Youngs, von Ebert übersetzte Nachtgedanken stehen in einer nicht höher zu treibenden Schönheit der
Worte, und Gedanken zum ewigen Ruhme öffentlich da. Die Uebersetzung der vortreflichen Reden
des Massillons, ist so ausbündig schön, als wenn
es keine deutsche Uebersetzung sondern eine Urschrift
wäre. Der französische Text hat nichts voraus. Wenn
man die Abhandlung von der deutschen Litteratur
französisch und deutsch lieset, und weiß es nicht vorher,

her, so wird man schwerlich errathen, in welcher
Sprache sie zuerst zum Vorschein gekommen?

Nun wende ich mich zu den Dichtern. Der erhabene Verfasser führet den einzigen Canitz an,
der als ein Dichter seiner Zeit, und auch noch heute
zu schätzen ist. Aber war es vor ihm Opitz nicht
auch? und muß man ihn nicht noch heute als den
Vater der deutschen Dichtkunst verehren? Verdienen denn Dach, Gryphius, Hoffmannswal-
dau, Besser, Neukirch, gar nicht in Betrachtung zu kommen? auch Günther hat unter vielen schlechten ein Paar Oden, die sehr gut sind.
Lohenstein, den Haller zu seinem ersten Muster
erwählet hatte, nahm den welschen Schwulst und die
übertriebenen Metaphern an; hat nicht Brockes in
seinem irdischen Vergnügen in Gott die Werke
der Natur mit unnachahmlichen Farben und Stri-
chen, so als wenn sie da stünden, geschildert, und
die vortreflichsten Anwendungen davon gemachet? Ich
übertreibe die Wahrheit gewiß nicht, wenn ich schreibe, daß in unsern Zeiten Dichter zu Vorschein gekommen, die den besten Englischen, Welschen und
Französischen nichts nachgeben, sondern ihnen viel
mehr an die Seite gesetzet zu werden verdienen. Ich
nenne Hallern zuerst. Man zeige mir einen Ausländer, der ihn an erhabenen, prächtigen, gedrungenen Gedanken, an den ausgesuchtesten Worten und
Ausdrücken übertroffen; der in bündiger Kürze so
viel, der mehr gesagt? Alles ist in seinen schweitze-
rischen Gedichten, die er aus Bescheidenheit einen
Versuch nennet, schön, voll Kraft und Feuer; keine einzige matte Stelle ist in denselben ausfindig zu
machen. Ich setze ihm den edlen Drollinger an
die Seite. Alle seine Poesien sind groß, seine Oden,
das Lob Gottes, die Unsterblichkeit der
Seele,

Seele, die Vorsehung, sind Meisterstücke, die
an Anmuth und Stärke fast nicht höher können getrieben werden. Wer wollte über diese, einem
Werlhof, einem Hagedorn, Geßner, Utz,
Ramler, Cramer, Gleim, Kleist und vielen
andern den Ruhm, daß sie wahre Dichter sind, absprechen. In dem Almanach der Musen, in den
poetischen Blumenlesen findet man oft höchst wohlge-
rathene Gedichte.

Ich komme zuletzt noch zu den Schauspielen:
die Erinnerungen, welche der erhabene Verfasser
von den Shakespearischen machet, habe ich mit dem
größten Vergnügen gelesen. Man hat in Berlin,
in Hamburg und auch hier das große Trauerspiel
Hamlet angestaunet; wenn ich es aufführen gesehen,
so haben mir die Todtengräber, und ihre Harlequins,
und Hanswurstpossen, die sich mit den ernsthaftesten
Dingen, die sich mit Königen, Königinnen und Prinzen nicht reimen, beständig einen nicht zu überwinden-
den Eckel erreget. Wenn Aristoteles, der die drey
Einheiten der Zeit, des Orts und der Handlung so
nachdrücklich eingeschärffet, den Götz von Berlichingen vor sich sehen könnte, so müßte er die abgeschmackte Thorheit der itzigen Zeiten entweder aus-
lachen, oder sich im Ernste darüber ärgern. Die
originelle Comödie, der Postzug, hat das Glück,
dem hohen Verfasser zu gefallen, weil sie das Lächerliche unserer Sitten sehr lebhaft darstellet, so daß
Moliere es nicht besser geleistet haben würde; aber
gleichwohl kommt dieses Stück mit denen, die Weiße und Leßing geliefert, in keinen Vergleich; es
ist gegen die Arbeiten aller beyder, mittelmäßig,
und man muß es beklagen, daß Leßing, der die
reine deutsche Sprache in seiner Gewalt hat, wie er
es vorher so oft gezeiget, sie in seinem Nathan dem
Weisen,

Weiſen, von Göthen angeſteckt, befliſſentlich zu
verderben bemühet geweſen.   Was für ſchöne und wohl
ausgearbeitete Luſt = und Trauerſpiele haben wir von
**Gotter, Stephanie dem jüngern, Groß-
mann, Schink, Bergern** und andern.   In Fabeln iſt und bleibet Gellert wegen des natürlich ſchönen, was in ihnen herrſchet, ein Original; alle, die
ihm ſehr glücklich nachgeahmt, kommen ihm gleichwohl nicht völlig bey.

Mich dünkt, ich habe es deutlich dargethan
daß es den Deutſchen an vortreflichen, proſaiſchen
und poetiſchen Schriftſtellern Gott Lob nicht fehle,
die ihrer Nation wahre Ehre machen.   Es iſt wahr,
der von dem hohen **Verfaſſer** angeführte Ausdruck
eines Dichters an einen Mäcenaten iſt ſo thöricht, ſo
erbärmlich, als man ſich es kaum hätte träumen laſſen.   Aber deswegen haben wir gar nicht nöthig die
Dürftigkeit in der deutſchen Litteratur bey unſern
großen Reichthümern, die wir in der That und Wahrheit beſitzen, zuzugeſtehen.   Können denn Hanns Sach-
ſe, Johann Ballhorn, Jacob Böhme der Schuſter
und Poet mit einer Menge von Pritſchmeiſtern und
Bänkelſängern der Ehre eines Hallers, eines Ha-
gedorns ꝛc. etwas benehmen?   Können jene es machen, daß es von dieſen nicht wahr bleibt, was einmal Ovidius von ſich ſagt: EST DEUS in no-
bis, agitante calescimus illo.   Kann denn ein
Lucas Schmierer und ein elender Kleckmaler es machen, daß kein Raphael, kein Rubens, kein Dürer,
kein Kranach, kein Corregio exiſtire?   Kann man denn,
wenn man einen elenden Geiger in der Schenke mit
einem Dudelſacke, oder eine ſchlecht harmonirende Hoch-
zeitmuſik höret, die himmliſche Compoſition eines
Hendels, Bachs, Benda, Lolli, Dittersdorfs und
anderer, kann man die bezaubernden Töne Frie-
derich

derich des Großen auf seiner Querflöte dabey
vergessen? Es ist aber unleugbar, denn die Zeugnisse
liegen da, daß es Redner und Dichter unter den
Deutschen gebe, die die Natur und die Regungen
des menschlichen Herzens mit Worten und Ausdrücken so malen, als es Raphael und Rubens mit Farben und Pinselstrichen gethan, die durch die sanfte-
sten und rührendsten Vorstellungen der Seele eben so
schmeicheln, als durch ihre reizende Töne Benda und
Graun, sie durch das Ohr in Entzückung setzen.

    Es ist für die deutsche Nation die größte Ehre
und der größte Trost, daß der erhabene Verfasser
ihr so viel gutes zutrauet, und ihr die Kräfte, aus
der Niedrigkeit, Rauhigkeit und Uebelklange ihrer
Muttersprache, sich nach und nach zu erheben und
vollkommner zu machen, nicht abspricht. Aber dabey kann es doch nicht genug beklaget werden, daß
Er sich überredet, die schönen Tage der deutschen Litteratur wären noch nicht gekommen; und noch mehr,
daß Er sich bey seinem Al er wenig Hofnung machet,
sie zu sehen; daß er sich mit Mose vergleicht, der auf
dem Berge das gelobte Land nur von Ferne erbli-
cket, und nicht hinein gekommen. Möchte Er doch
von seinen Höhen, von welchen Er eine unzählbare
Menge von Aussichten täglich vor sich hat, auf denen Ihm, wie auf allen hohen Gebürgen gewisse Gegenstände mit einem Nebel bedeckt sind, die sich deswegen vor seinem sonst alles durchdringenden scharfen
Blicken verstecken; möchte Er doch herab zu steigen,
und in dies gelobte Land, was so nahe bey Ihm ist,
einzugehen geruhen wollen, und noch eine lange Reihe
von Jahren sich darinen aufhalten! Bey dem ersten
Eintritte würde Er nicht nur die deutsche Litteratur
in der Dämmerung und Morgenröthe, sondern bereits als aufgegangen, in ihrem prächtigen Glanze

wahr-

wahrnehmen. Sanfte, milde, reine, helle, kristal-
lene, von Milch- und Honigbächen durchkreuzte, in
majestätischer Stille, ohne Lärmen und Geräusche,
dahin wallende Ströme, in welchen sich alle Schönheiten der Natur, der Künste und Wissenschaften spie-
geln, würden Ihm entgegen fließen. Nicht schnat-
ternde wilde Gänse und Enten, sondern weiße, glat-
te, silberreine Schwäne, die auf denselben herum-
schwimmen, werden seinem Ruhm mit den süssesten
harmonischen Tönen, die würdigsten Loblieder singen. Statt einer rauhen, wüsten, sandichten, stei-
nigten, unbepflügten Gegend, die Er anzutreffen ver-
muthete, würde Er mit Perlenthau getränkte grü-
nende Wiesen, fruchtbare Felder, die angenehmsten
Lust- und Ziergärten, mit buntfarbichten wohlriechen-
den Blumen, die auf Ihn warten, die seinen erhabenen Geist zu vergnügen und zu ergötzen da stehen,
unverhofft finden. Aus Cederwäldern und Lorber-
hainen würden Ihn alle Musen jauchzend und her-
vor hüpfend bewillkommen; sich zu Seinen Füssen
werfen, und als einen wohlthätigen Vater und mächtigen Schutzgott verehren. Aber mitten unter ihrer
ausgelassen Freude, würden sie Ihn auch demüthig
anflehen, daß Er sich ihrer annehmen, und erbar-
men; daß Er die deutsche Sprache und Dichtkunst,
die an Reinigkeit, Anmuth und Stärke so hoch gestiegen, von ihren geschwornen Verderbern und Fein-
den befreye und errette. Ihre sanfte reine Flüßigkeit
gefällt leider nicht mehr; man befleißiget sich ihre Klarheit trübe zu machen; man nöthiget ihr allerhand
fremde Farben auf, die sie unkenntlich machen, und
verstellen; man verdirbt ihren reinen Geschmack, mit
einer Menge von aufgenöthigten Brühen und Gewür-
zen, so daß man bey dem übertriebenen hohen Geschmack nicht mehr weiß, was man eigentlich schmeckt;
man hemmt ihren sanften, freyen und geraden Lauf

durch

durch hineingeworfenen Leimsand, und lästige Steine, um welche er sich krümmen muß; man spannet, drängt und treibt ihr Gewässer, ohne Noth über Schleusen, damit es mit Schaum und Blasen, und einem lärmenden Getöse fortbrause; man zwingt es durch gewaltsame Maschinen in eine Höhe, auf der es sich nicht halten kann, von der es mit solchen Poltern herabstürzen muß, daß allen Anwesenden nicht allein die Ohren gellen; sondern das Gehirn erschüttert wird. Tollitur in altum, ut lapsu graviore ruat. Die arme Thalia und Melpomene wird zu einem Wechselbalge. A la hérisson frisirt, tragen sie alle beyde, einen gethürmten halb geborgten Haarputz, der einem Kehrbesen und einer Bärmüze eines Grenadiers so ähnlich ist, als ein Ey dem andern. Unter einer Menge von Federn, Bändern, Haarnadeln und falschem Geschmeide siehet ein kleines zartes niedliches Angesichtgen heraus, wie aus einem dicken Gebüsche. Der ganze Anstand, der Gang, die ganze Bildung des vorher schlanken, gestreckten, gleichen Körpers, ist verändert. Die dichtende Muse hat ein steifes verdrehtes Genicke, wie nach Suetonii Beschreibung, Tiberius; einen langen Hals und lange dünne Schenkel, wie Caligula; ungleiche herausgetriebene Schultern, wie nach Ammiani Beschreibung Julianus; sie ist bucklicht wie Galba, sie hat einen dicken Bauch wie Nero, einen langen in die Höhe getriebenen Kopf, wie der sonst lobenswerthe Pericles.

Aber was wollen nun endlich alle diese vielleicht zu weitläuftigen Beschreibungen sagen? dies! die reine einfache, verständliche, körnichte, deutsche Sprache, wird durch neuerdachte, erkünstelte, dunkle Worte, durch die neue Deutschheit, durch die Klopstockischen Anbeter, Nachfolger und Affen (dem Ur-
bilde

bilde laſſe ich alle Ehre, die es verdienet) dermaſſen
verdorben und verhunzet, daß man in den neumo-
diſchen proſaiſchen und poetiſchen Abhandlungen, die
von ſeraphiſchen, olympiſchen, elyſiſchen, eigentlich
überhyperboliſchen, katachreſtiſchen Ausdrücken gedrungen voll ſind, allen geſunden Menſchenverſtand ver-
miſſet; daß man bey den bis zum Platzen gedehnten
und verzerrten hohen Gedanken, bey der größten Auf-
merkſamkeit nicht verſtehen kann, was der verrückte
Herr Verfaſſer eigentlich ſagen will; dem man Drol-
lingers Sonnet über einen verſtiegenen Poeten zu beherzigen geben ſollte. Ganz gewiß würde
derſelbe, da er die Schönheiten ſeines Werkes daraus beurtheilet, weil er es nicht verſtehet, den Sinn
einem andern Lehrbegierigen noch weniger beybringen
können, wenn man mit dieſer zugemutheten Mühe
ſeinen Unſinn beſtrafen ſollte.

Hierzu kommt nun noch, um die Verwirrung,
und Unverſtändlichkeit, und das eigentliche Kalcu-
tiſche in ſeiner wahren Größe zu zeigen, die thörichte
Orthographie, oder Pſeudographie, nach eines jeden Verböſerers Dünkel und Wohlgefallen. Auch
bey dieſer gilt das bekannte: Quot capita, tot ſen-
ſus, oder delitia. Niemand hat bitterer und ſpöt-
tiſcher darüber geſpottet, als ein ſogenannter Meno-
niſte in einer kleinen Schrift, welche den Titel hat:
die allerneueſte deutſche Orthographie, des
18. Jahrhunderts, erfunden von Klopſtock,
nachgeahmt von dem deſſauiſchen Erzie-
hungsinſtitute, ausgeziſcht von der gelehrten Welt, und übergangen in die Vergeſ-
ſenheit. Nach derſelben erſcheinen viele Wörter in
einer ſo wunderbaren Geſtalt, die allen lange Deutſch
zu leſen gewohnten Leſern nothwendig auffallen, und
ſie im Leſen aufhalten müſſen. Das h iſt nun relegirt,

giet, oder soll relegirt werden, anstatt Sohn, Ge-
fahr schreibt man Son, Gefar. Das h diente
sonst immer dazu, und muß ferner dazu dienen, daß
die Sylbe, die es hat, mit einer gewissen Ausdeh-
nung und stärkerem Tone ausgesprochen wird. Aber
eben der Ton, der sich vom Thone unterscheidet, wird
doch freundlich bitten, daß man es beybehalte. Wenn
man das Wort Hertz, ausspricht und recht ausspricht, so müßte man halb taub seyn, wenn man
das t nicht ganz deutlich hören sollte, aber doch muß
es fort; man spricht Herz. Wenn man Drücken
ausspricht, so höret man das c ganz klar, aber gleichwohl wirft man es weg, und schreibt Drüken, oder,
weil das e auch ein Greuel geworden ist, Drükken.
Es ist überhaupt eine sehr seltsame Sache. Alle Kinder lernen noch ihr a, b, c, und nicht a, b, k:
gleichwohl soll der Buchstabe c aus der deutschen Sprache heraus. Die Lateiner haben kein y, und dennoch
wird es beybehalten, wenn man aus der griechischen
in die lateinische Sprache, ein Wort, was ein y hat,
herausnimmt. Man würde es einem Arzte sehr übel
auslegen, wenn er statt hydrops und hemoptysis,
hidrops und hemoptilis schriebe. Warum soll
denn also, wenn aus der lateinischen Sprache ein
Wort mit einem c in das Deutsche genommen wird,
da sie selbst ein c hat, ein k daraus gemacht werden?
Die vorgemeldete Ursache, daß es wie k ausgesprochen wird, gilt nichts; in der lateinischen Sprache
wird ca und cu auch wie ka und ku ausgesprochen,
dies kann ja in der deutschen bey einem Worte, was
ca und cu aus dem Lateinischen mitbringet, eben so
geschehen. Man hat überdies alles, noch eine neue
Lieblingsmode angenommen, deutsche Prosa und Poesie mit lateinischen Lettern drucken zu lassen. Wäre es nicht thöricht, wenn man das Lateinische mit
deutschen oder griechischen, das Griechische mit

latei-

lateinischen, und das Französische mit teutschen Lettern drucken lassen wollte? So ungereimt dieses ist,
so ist es jenes gewiß auch. Noch wunderbarer ist es,
wenn in, mit lateinischen Buchstaben, gedruckten
deutschen Oden, bey den Namen Cato, Mercurius,
Cajus das c unverantwortlich weggeschmissen, und
Kato, Mercurius, Kajus gedruckt wird, da doch die
Lateiner kein k haben, und man also dem lateinischen
a, b, c. um seines Eigendünkels willen den Buchstaben k aufnöthigen will, den es doch niemals gehabt,
und niemals haben wird. Ein solcher Kato und
Kajus ist in meinen Augen eine wahre Mißgeburt.
Es ist nicht erlaubt, großen Leuten ihre Familien-
namen auf eine solche Art zu verhunzen. Vorneh-
me Herren und Frauen würden es sehr übel nehmen,
wenn sich jemand die Freyheit nähme, heute zu Tage in ihren Geschlechtsnamen auch nur einen Buchstaben nach Belieben zu verändern. Ich muß es
nicht vergessen, zu erinnern, daß der erhabene Verfasser de la Litterature allemande, die Gedanken hege, da die welsche Sprache durch die Vielheit
der Vokalen einen angenehmen Wohlklang erhält,
daß die deutsche auch angenehmer klingen würde,
wenn sie mehrere Vokales hätte. Er thut also den
Vorschlag, den Worten sagen, geben, nehmen
in der letzten Sylbe ein a zuzusetzen, und sagena,
gebena, nehmena dafür zu sprechen, mit der
Versicherung, daß sie sodann dem Ohr besser gefallen
würden. Ich bin zu geringe, darüber zu urtheilen,
es kommt auf delikatere Ohren an, als die meinigen
sind. Die Einwohner des schlesischen Gebürges lieben
das a sehr, und setzen es an viele Substantiva. Sie
sagen: Tischla, Häusla, Roßla, Lietsla, Töppla ꝛc.
Es ist daher die Beschreibung vom Gebürge entstanden: Wo die grussa Rusfa wascha, mit da
grussa hohla langa Stiela. Hr. Göthe thut gerade

rabe das Gegentheil, er wirft mit seinen Anhängern die höchstnöthigen Vocales auf eine unerlaubte Art weg, elidirt dieselben ohne Ursache, dränget die Consonantes an einander, wodurch die Sprache nothwendig rauh und höchst widerwärtig werden muß. Noch eins: diese Herren lassen bey den Verbis das ich, du, er, wir, ihr, sie, völlig weg. Man schreibt: kaufe nichts, anstatt ich kaufe nichts. Werden gehen, anstatt wir werden gehen. Was würde aus der französischen Sprache werden, wenn es einem seltsamen Kopfe einfiele Je, tu, il. nous, vous, ils wegzulassen. Wenn ein alter ehrlicher Patriot, der es mit seiner Muttersprache gut gemeynet, nach dieser neuen Orthographie gedruckte ungereimte Gedichte, in denen die Zeilen mit dem Artickel des Substantivi, oder mit einem adverbio, praepositione, conjunctione, sie mögen nun in Hexametern, oder nach einem andern Sylbenmaaße abgefasset seyn, wenn sie noch dazu oft viel Ungereimtes enthalten, zu Gesichte bekommt, so muß er es entweder bald wegwerfen, und in dem gehemmten und gehinderten Lesen aufhören, oder nothwendig Schwindel und Eckel dafür empfinden. Wenn allem diesen Unwesen und Unfuge, diesem Strom, dieser Sündfluth von Thorheiten nicht gesteuert wird, und dieß kann allein ein großer Herr thun, wenn er durch eine angeordnete Censur den Druck von Büchern, die damit angefüllet sind, verbiethet; so muß durchaus eine allgemeine Verwirrung der deutschen Sprache entstehen, und sie muß in eine weit größere Barbarey verfallen, als in der sie bey ihrem ersten Ursprung gewesen.

Ich komme nun zu der Betrachtung der Arzneywissenschaft, die mich näher angehet, als die Stärke und Schönheit der deutschen Sprache, deren Kenntniß

niß und Best zur Ausübung jener eigentlich nicht
erfordert wird. Es fehlen noch einige Monate dazu, daß ich durch ein halbes Seculum die Arzneywissenschaft, und zwar Gott Lob! ziemlich glücklich
ausgeübet. Ich habe mich von meiner Jugend an,
einzig und allein nach allen meinen Kräften darauf
beflissen, und die größten Gelehrten in andern Fä-
chern, gegen welche ich ein sehr kleines Licht bin,
werden, weil sie sich mit andern Wissenschaften beschäftiget, und sich in die meinige nicht eingelassen,
meiner Einsicht hoffentlich ein gewisses Vorrecht vor
ihnen zugestehen. Meine Schriften haben mir ausser
meinem Vaterlande einen guten Namen gemachet,
ich habe den Beyfall eines von **Swieten, Störcks,
Hallers, Rosensteins, Tissots, Zimmer-
manns, Werlhoffs, von Haen, Trillers,
Murray,** gedruckt und geschrieben erhalten. Ich
weiß es sehr wohl, daß wenn ich mich selber ehre,
meine Ehre nichts sey, ich besitze Gott Lob! keine
Eigenliebe und Ehrsucht. Ich schreibe dies alles ganz
allein beßwegen, um zu zeigen, daß ich mich einiger
Befugniß, den Zustand der heutigen Medicin zu beurtheilen, anmassen könnte. Aber alles dies, wie
wichtig es auch einem andern scheinen könnte, ist mir
unzulänglich, um das Unternehmen zu rechtfertigen,
gegen das, was die Abhandlung de la Litterature
allemande von der Arzneykunst, oder Arzneywissenschaft enthält, Vorstellungen zu machen. Ich würde dies ohnfehlbar ganz unterlassen, wenn ich nicht
durch einen viel höhern Machtspruch die Erlaubniß
und gleichsam den Ruf dazu erhalten hätte. Se.
Majestät der König, mein allergnädigster Herr,
haben mich vor dem Krankenbette Sr. Königl. Hoheit des Prinzen Ferdinands huldreich versichert:
daß Sie mit meiner Kur, die, Gott sey ewig Dank
dafür, glücklich geendiget war, völlig zufrieden wären.

ten. Unter dem examine rigoroso haben Sie
sich in den besondern Fällen, da Sie anderer Meynung, als ich, waren, nach meiner Erklärung höchst-
gütig herabgelassen: Ja! wenn es so ist, so hat
er Recht. Alles dies giebt mir den Muth, wenn
ich mich zuvor meinem allergnädigsten Könige und
Herrn zu den Füßen geleget, und die Königl. Würde von dem Schriftsteller völlig abgesondert, nach dem
eignen Außspruche, daß in der gelehrten Republik eine vollkommene Freyheit der Meynungen herrsche,
aber noch immer mit der größten Ehrfurcht und De-
muth meines Herzens gegen ein Paar Stellen, welche die Arzneykunst betreffen, einiges vorzustellen. Ich
weiß es sehr wohl, daß der grundgelehrte Professor
der Medicin in Leipzig Joh. Bohn den Boer-
haave sehr hoch gehalten, einen Tractat von den
Zweifeln gegen die Medicin, und der Ungewißheit
derselben hinterlassen wollen, der nach seinem Tode
hat gedruckt werden sollen, den man aber unter seinen Handschriften, von denen er verschiedene verbrant
hatte, nicht gefunden. Ich weiß es, daß Aerzte,
und gelehrte Aertze behaupten, daß die ganze Medicin in lauter Muthmaßungen bestünde. Ich selbst
gestehe es öffentlich, daß ich schon lange, und von
Jahren zu Jahren immer mehr dieselbe vor eine mit
einer Menge von Ungewißheiten und Unmöglichkeiten
durchwebte Kunst gehalten; und ich bin deßwegen dem
Großthun, den Aufschneidereyen, Windbeuteleyen,
und den sich zugeschriebenen ehrenvollen Thaten vieler Aerzte, wenn Gott und die Natur das meiste
gethan hatten, nach meiner natürlichen Aufrichtigkeit immer gram gewesen. Aber bey dem allem bleibt
es ewig wahr, daß eben diese unvollkommene Kunst
dennoch höchst edel, vortreflich, und vor das menschliche Geschlecht höchst nützlich, und demselben unent-
behrlich sey; denn es giebt nicht wenige Fälle, die es

un-

unwiderſprechlich machen, daß ſie ſehr viel vermag.
Rouſſeau hat in ſeinem Emile, der unter einigen
guten eine Menge von paradoxen Meynungen und
Widerſprüchen enthält, aller geſunden Vernunft wi-
derſprochen, wenn er unter andern behauptet: die
Welt würde glücklicher ſeyn, wenn gar keine Medicin und gar keine Aerzte exiſtirten, und wenn man
ja dieſe zu Kranken ruſte, ſo ſollte es eher nicht geſchehen, als bis dieſe ſchon dem Tode nahe wären,
weil die Aerzte ſie ſodenn nicht mehr tödten könnten,
welches, wenn ſie eher den Zutritt zu ihnen gehabt,
geſchehen ſeyn würde. Rouſſeau iſt einzig vor die
Natur eingenommen, aber alles, was er allein von
ihr erwartet, iſt übertrieben. Die Erfahrungen der
ganzen Welt ſind dagegen. Dieſe zeigen es offenbar
und auf das deutlichſte, daß obſchon bey der Kur aller
Krankheiten die Natur mit ihren Kräften immer vor-
ausgeſezet werden muß, ohne welche die Kunſt nichts
ausrichten, auch jene zur Kur derſelben ſehr oft unzulänglich ſeyn würde, wenn dieſe nicht dazu käme.
Bey äußerlichen Krankheiten, die zur äußerlichen Medicin und Chirurgie gehören, läſſet ſich dieſes unwiderſprechlich einſehen. Würden denn Verrenkungen,
Beinbrüche, Wunden, Entzündungen, Geſchwüre,
durch die Natur allein geheilet werden? Müſte nicht
eine ziemliche Anzahl von Menſchen, die damit be-
haftet wären, wenn ihnen die Kunſt keine Hilfe lei-
ſtete, ſterben oder doch ein elendes Leben führen? Wie
würde es ihnen ergehen, wenn keine Chirurgie wäre?
Aber ich will bey der Medicin, im engern Verſtan-
de, allein bleiben. Iſt es denn zu erweiſen, daß
Blutſtürzungen, daß innerliche Entzündungen im
Hirne, im Rippenfell, im Magen, in den Gedär-
men, in der Blaſe, daß Gelbſuchten, heilbare Waſ-
ſerſuchten, daß rothe Ruhren, die geile Seuche,
und viele andere Krankheiten von ſich ſelbſt aufhö-

G

reu

ren, und die Gesundheit ohne Medicin hergestellet
werden würden. Wenn nun keine Medicin wäre,
was würde denn aus ihnen werden? Wie höchst un-
überlegt schreibt also Rousseau, daß die Welt glücklicher seyn würde, wenn gar keine Arzneykunst wäre!
Aber eben so thöricht ist sein Rath, daß der Arzt
nicht eher gerufen werden solle, als bis die Krankheit
den Tod drohet. Heißet denn dieß nicht eben so
viel, als wenn er spräche, man solle zu einer Feuers-
brunst ehe keinen Menschen zum löschen rufen, und
kein Wasser anwenden, als bis das Haus schon so
gut als niedergebrandt wäre. Die Griechen nennen
Feuer und Fieber mit einem Worte πῦρ. Soll man
also ein hitziges Fieber, was in gewisser Betrachtung
den Körper verbrennet, so lange wüthen lassen, bis
es so weit gekommen, daß es nicht mehr zu löschen
ist? oder soll man vielmehr, so bald es zu brennen
anfängt, zu löschen anfangen, wodurch es vielfältigemale gedämpfet wird? Soll man dem Blutspeyen
und anderen Blutergiessungen so lange müßig zusehen, bis kaum von dem Schatze des Lebens so viel
in den Adern übrig ist, daß es fortdauren kann? Soll
man in Durchfällen die Feuchtigkeiten so lange weg-
laufen lassen, bis alle Kräfte mit ihnen weggelaufen
sind? Soll man den heftigsten Leibesschmerzen so lange zusehen, bis der Brand schon auf dem Wege ist?
Soll man bey Kindern, deren hunderte an der sich
selbst überlassenen Darmgicht sterben, den Arzt nicht
rufen, wenn es noch nicht bis zu Zuckungen gekommen? Oder soll man ihn nicht lieber zeitlicher, die
ätzende Säure dämpfen und ausführen lassen? Wenn
man billig seyn will, so muß man zwar zugestehen,
daß die Kunst nicht immer helfen könne, aber es auch
zugeben, daß sie vielfältigemale Krankheiten heile,
die die Natur allein nicht geheilet haben würde. Gesetzt, daß durch ungelehrte oder unerfahrne Aerzte

(denn

(denn es ist ein großer Unterschied, den Hoffmann
in einer besondern Dissertation deutlich gezeiget hat,
zwischen einem Medico und Medicinae Practico)
viele Menschen vernachläßiget und getödtet werden,
so kann man dies nicht auf die Rechnung aller, und
am wenigsten gelehrter und geschickter Aerzte, und der
ganzen Arzneywissenschaft schreiben. In der Verfassung, in welcher sie sich heute befindet, verdienet sie
wahrhaftig eine wahre Hochachtung, eben so, wie alle
andere von Zeit zu Zeit höher gestiegene Wissenschaften. Man kann nicht läugnen, daß sie durch eine
Reihe von Jahrhunderten, ob schon ihr Vater Hip-
pocrates durch die vortreflichsten und richtigsten
Erfahrungen zu ihrer Gründlichkeit einen festen Grund
geleget hatte, eine Menge von widrigen Schicksalen
erlitten, und durch Leute, die nicht daraus und nach
den Gesetzen der Natur, sondern nach ihrem Dünkel
und Einfällen sich wunderseltsame Systeme schon von
Galeno her gemacht, an ihrem Aufnehmen, Wachsthum und Gewißheit gehindert worden. Dasjenige
Principium, worauf diese allein gebauet werden konnte, und woburch sie eigentlich erst dogmatisch gewor-
ben, hat ihr bis Anno 1639 gefehlet. Es ist nunmehr eine unumstößliche und ausgemachte Wahrheit,
daß sich der natürliche und widernatürliche Zustand
des Menschen allein aus der Circulation des Blutes
und der übrigen Säfte erklären lasse. Von ihr han-
get allein, wenn sie ordentlich ist, Leben und Gesundheit, wenn sie unordentlich ist, Krankheit und
Tod ab. Diese Wahrheit ward ziemlich spät erfunden und öffentlich bekannt gemacht, denn 1639 gab
der Erfinder Gvil. Harvey erst seine exercitatio-
nes anatomicas de motu cordis et sanguinis
circulatione heraus, die hernach vielmal aufgelegt
geworden. Diese vortrefliche Erfindung machte man
sich nicht einmal zu Nutze, viele schienen sogar dage-

G 2   gen,

gen, die Aerzte blieben bey wunderseltsamen chymi-
schen und cartesianischen Hypothesen, ohne im min-
besten die Circulation in Erwegung zu ziehen. Man
bildete sich nur Fehler in den flüßigen Theilen ein,
ohne auf die festen und die daraus gebildeten Gefäße
zu sehen, bis endlich Hoffmann und Boerhave
ihr wahres System erbaueten; welches (nachdem sie
einige Vorläufer und Mitarbeiter, Bellini, Bag-
liv, Pitcarn, Thomson gehabt), durch die
Ruischischen und Lüberkinischen Injectionen, die es
zeigeten, daß der ganze Mensch aus lauter größern
und bis zum Erstaunen kleinen Gefäßen bestehet,
und eine hydraulische Maschine ist, auf einen sehr
hohen Gipfel der Vollkommenheit gestiegen, die durch
immer neue anatomische, physische und chymische Versuche und Erfahrungen noch täglich wächset und zu-
nimmt. Ich kann es hier nicht vergessen zu erinnern,
daß die Transpiration, als die größeste unter allen
Excretionen, auf deren Fortgang das Leben und die
Gesundheit beruhet, woran heute nach viel tausend
Erfahrungen nicht gezweifelt werden kann, erst durch
Sanctorium in ein helles Licht gesetzt worden, der
Anno 1614 seine artem de medicina statica her-
ausgegeben. Bis dahin also hat man davon auch
nichts Gründliches gewust, wodurch hernach die ganze Arzneywissenschaft gründlicher und demonstrativer
geworden.

Inzwischen, wenn sie durch Fleiß und Mühe
der größten Köpfe noch immer weiter getrieben wird,
so wird sie doch die Grenzen, die ihr Gott und die
Natur gesetzet, nicht überschreiten, und dies kann ihr
zu keinem Vorwurf gereichen. Sie wird es auch
nicht ändern, daß ihr Hindernisse in den Weg geleget werden, die sie wegzuschaffen nicht im Stande
ist.

Zu-

Zuerſt iſt das unveränderliche Geſetz einmal ge-
ſprochen: Es iſt dem Menſchen ein Ziel
geſetzet, einmal zu ſterben. Der Tod iſt
zu allen Menſchen hindurchgedrungen,
dieweil ſie alle geſündiget haben. Wenn
das Leben auch 70, und wenn es hoch kommt,
80 Jahre dauret, ſo muß es endlich aus natürlichen Urſachen, die ſelbſt durch das Leben,
oder durch den Umlauf der Säfte entſtehen,
durch die Zähigkeit und Unbeweglichkeit der
Säfte, durch die Strengigkeit und Vertrocknung der kleinſten allerletzten Gefäſſe, die zu
Faſern werden, nothwendig aufhören. Gegen dieſen natürlichen Tod kann die Kunſt
nichts, wenn ſie ihn auch eine Zeitlang durch
erleichternde und verdünnende Mittel zu verzö-
gern im Stande iſt.

2. Giebt es Krankheiten, wozu der menſchliche
Körper die Neigung ſchon auf die Welt mitbringet, die ihm angebohren iſt, und in dem
Bau der Theile ihren Grund hat; in dieſe erb-
liche Krankheit hat der Arzt gar keine, oder
wenigſtens eine ſehr eingeſchränkte Gewalt,
um ihnen vorzubeugen, oder ſie zu lindern.

3. Wird der Arzt zu acuten Krankheiten oft zu
ſpät gerufen, wenn ſie ſchon überhand genommen, und die erſten Tage, in denen ihnen
mit Nachdruck begegnet werden konnte, ſchon
verlohren ſind; ſo daß ihre Tödtlichkeit nicht
mehr abzuwenden iſt. Eben dies iſt auch von
chroniſchen Uebeln zu ſagen, wenn die Verſto-
pfung, die Verhärtung, die Vereiterung der
Eingeweide auf das höchſte gekommen, und ihre Organiſation aufgehöret; wenn die Schwä-
ch,

che, Empfindsamkeit, Reizbarkeit der Nerven und der Muskelfasern Ueberhand genommen, und die daher fließenden widernatürlichen Bewegungen zur Gewohnheit geworden sind. Alle diese Umstände zu ändern, stehet in der Gewalt des Arztes nicht, der, wenn es geschehen sollte, einen neuen Körper herzustellen, das Vermögen haben müßte.

4. Mitten unter der möglichen Kur verschiedener Krankheiten, beobachtet der Kranke in seiner Lebensordnung dasjenige nicht; oder kann es wegen der Lebensart, in der er sich befindet, nicht beobachten, was durchaus dazu gehöret, wenn der Arzt die nächste Ursache der Krankheit wegnehmen soll, sondern sein ganzes Verhalten ist gerade seinen Absichten und der Wirkung der Medikamente entgegen. Hieher gehöret nicht nur Essen und Trinken; sondern Bewegung und Ruhe, Schlaf und Wachen; alle Excretionen, die Luft, und ganz vornehmlich die Affecten, welche so oft dem besten Arzte Striche durch seinen Plan machen. Es ist gewiß kein einziger Künstler, der das Subject, in dem er arbeitet, nur allein in dieser Betrachtung so wenig und oft gar nicht in seiner Gewalt hat, als der Arzt.

5. Braucht der Kranke sehr oft diejenigen Arzneyen entweder gar nicht, oder nicht in der Ordnung, wie sie ihm vorgeschrieben ist, sondern machet hundert Einwendungen gegen den Geruch, Geschmack und Form derselben. Hundertmal erlanget auch der Vernünftigste nicht, qui vult finem, velit etiam media ad finem ducentia. Noch mehr, er verschweigt thörichterweise

weife nicht selten die Gelegenheiten, die zu der
Krankheit Anlaß gegeben, oder er glaubt, daß
sie daran keinen Antheil haben, sie bleiben also dem Arzte verborgen.

6. Giebt es so viel verborgene Ursachen von Krankheiten, in dem menschlichen Körper, die alle
menschliche Klugheit und Einsicht nicht errathen
kann, und die, wenn sie errathen werden können, gleichwohl keine Kunst wegzunehmen, im
Stande seyn würde. Man kann dies aus zwey
Folianten erweisen, welche der große Anatomi-
cus Morgagni, de sedibus et causis mor-
borum per Anatomen indagatis geschrieben.
Aber auch zu errathende, und sich durch Zeichen
zeigende Ursachen, sind oft durch keine Arzneyen
wegzunehmen, wie z. E. Nieren-Blasen-und
Gallensteine, Polypi, Geschwüre in den Ein-
geweiden rc.

7. Kommen bisweilen Krankheiten von verschiedener Beschaffenheit zugleich in einem Körper zusammen, und zwar also: daß diejenigen Mittel, welche die Ursache der einen heben würden,
der Ursache der andern Vorschub leisten; auch
sind in einer die urgirenden Symptomen oft so
beschaffen, daß wenn man das eine lindert, das
andere dadurch verstärket wird.

8. Giebt es gewisse feine, ansteckende, giftähnliche
Materien, die in der Luft herum irren, und
die, wenn sie eingeathmet, oder mit dem Spei-
chel vermengt hinunter geschlungen, oder sich in
der äußerlichen Fläche des Körpers durch Millionen Oeffnungen eingedrungen, das Herz, die
Adern und Nerven reizen, und sodann ihre be-
                                        sondern

sondern Wirkungen erweisen; wie es in der Pest,
faulen Fiebern, Petetschen, Blattern, Masern,
Scharlachfiebern und dem Reichhusten geschiehet.
Vor alle solche ansteckende Atomen, sind noch
keine wahre Gegengifte bekanut, die der Arzt
ihnen entgegensetzen könnte, er kann einigermassen nur ihren Wirkungen begegnen.

Alles dieses Erwähnte nun und noch mehreres,
was ich anführen könnte, verdienet gewiß in Betrachtung gezogen zu werden, damit man von dem Arzte
nicht Dinge fordere, die man eigentlich nicht von ihm
fordern kann, und Erfolge zur Last lege, die ihm
nicht zur Last geleget werden können.

Itzt nachdem ich dies vorausgesetzet, ist noch
übrig, daß ich die Vorschläge erwäge, welche der erhabene Verfasser vorträgt, durch deren Befolgung
die Ausübung der Arzeneykunst glücklicher gemachet,
und dem menschlichen Geschlechte zum Vortheil mehrere Kranken geheilet, und erhalten werden könnten.
In dieser Absicht giebt er seinen Freunden den Rath
wenn sie krank sind, lieber zu einem Arzte die Zuflucht zu nehmen, der mehr als einen Kirchhof bereits angefüllet, als zu einem jungen Schüler Boer-
haavens oder Hoffmanns, der noch niemanden
um das Leben gebracht. Dieser Gedanke scheinet mir
ein einmal angenommener Lieblingsgedanke zu seyn.
In der Unterredung bey dem Krankenbette Se. königl.
Hoheit des Prinzen Ferdinand, sagten Se. Majestät höchstgnädig zu mir: Ich bin mit ihm zufrieden, er hat seine Sache recht gut gemachet: aber er wird doch auch wohl zugestehen, daß ein Doctor erst vorher einen
Kirchhof füllen muß, ehe er ein rechtschaf-
fener Doctor werden kann. Sage er mir
doch

doch aufrichtig, war sein Kirchhof groß,
und wie lange ist es, daß er damit fertig
worden? Ich unterstand mich nicht anders zu ant=
worten, als: mein Kirchhof wär sehr klein
gewesen, und es wäre auch schon sehr lan=
ge, daß ich damit fertig geworden. Eben
dies kommt in der Abhandlung de la Litteratur
allemande auch vor. Der Satz ist also dieser:
Wer sich in den Stand setzen will, Krankheiten hei=
len zu können, und Menschen das Leben zu erhalten,
der muß vorher eine ziemliche Anzahl getödtet; durch
die begangenen Fehler gelernet haben, in Zukunft
Fehler zu vermeiden, und seine Kuren klüger anzu=
stellen. Si parva magnis componere licet, wür=
de ich sagen, wenn dies seine ungezweifelte Richtigkeit
hat, so muß es auch richtig seyn, daß man vorher
Bataillen verlieren müsse, ehe man in den Stand
komme, Bataillen zu gewinnen. Aber gerade das Ge=
gentheil haben Se. Majestät erwiesen, denn Ihre ersten
Bataillen wurden alle gewonnen, weil Sie die vortref=
lichste Theorie in der Kriegeskunst besaßen. Dies Gleich=
niß ist eben so unschicklich nicht. Bey der Kur der Krank=
heiten nämlich, streitet der Arzt und der Tod um das Le=
ben des Kranken, bis der eine oder andere den Sieg davon
trägt. Doch ohne ferner etwas Großes und etwas Klei=
nes neben einander zu setzen, komme ich wiederum zu unse=
rem Satze. Es ist unwidersprechlich wahr, daß die gan=
ze Arzneykunst auf der Erfahrung, als auf einer
Grundsäule ruhe; aber sie hat noch eine andere ne=
ben sich, die Vernunft, oder das Urtheil über die
Erfahrungen. Gleichwohl ist die erste die wichtigste
und stärkste, ohne dieselbe hilft alles Raisonniren zu
nichts, alle Systeme, die sich auf sie nicht gründen,
sind leere Grillen und Hirngespinste, die gar keinen
Nutzen haben, sondern vielmehr dem Leben und der
Gesundheit des Menschen zum Nachtheil gereichen.
Celsus,

Celſus, der Cicero der Ärzte, hat ſchon vortrefflich geſagt: Non poſt rationem experientia, ſed
poſt experientiam ratio inventa eſt. Auf der
Erfahrung beruhet alles. Inzwiſchen hat lange Zeit
vor ihm Hipocrates, dem man eine Menge der
vornehmſten und gewiſſeſten Erfahrungen, die noch
richtig befunden werden, zu danken hat, in ſeinem erſten aphorismo ſehr weislich geſchrieben: Ars lon-
ga, Vita brevis, occaſio celebris, experimen-
tum periculoſum, judicium difficile. Eben
deswegen warnete Hoffmann oftmals alle ſeine
Schüler, ſehr dringend, daß ſie ja per mortes &
funera keine Experimente machen ſollten. Eine
Ermahnung, die der Meynung des hocherhabenen
Verfaſſers gerade entgegen ſtehet; die aber, weil
Hoffmann ohnſtreitig einer der größeſten Aerzte in
der Welt geweſen, und es immer bey der Nachwelt
bleiben wird, ein ſehr großes Gewicht hat. Höchſt
unglückſelig würde das menſchliche Geſchlecht ſeyn,
wenn ein Arzt durch Anfüllung der Kirchhöfe erſt Erfahrungen ſammlen, durch ſeine Fehler erſt klüger werden, und ſeine Unwiſſenheit verlaſſen, durch Tappen
im Finſtern, das Licht ſuchen und finden, und durch
vorhergegangenes wiederholtes Tödten, erſt ein brauch-
barer Arzt werden ſollte. Eine Menge von Aerzten,
die nicht Greiſe, würden, nebſt denjenigen, die nach
ihren eingeſchränkten Fähigkeiten ſehr ſpät aus Schaden klug werden, die lange Kunſt nicht lernen, und
unter dem Füllen der Kirchhöfe dahin ſterben, ehe
ſie wirklich zu heilen anfiengen, und wie klein würde alſo die Zahl heilender und nicht mehr tödtender
Aerzte ſeyn? Nein! ein rechtſchaffener Arzt muß,
da er vor ſich nimmermehr genug Erfahrungen, eben
wegen der Kürze ſeines Lebens einſammlen kann, die
geſammleten, einſtimmigen Erfahrungen aller Zeiten
zu nutzen ſuchen, ſo daß er nicht nöthig hat ſie ſelbſt

zu

zu machen, welche von je her von solchen Männern
zusammengetragen worden, die vor den Augen der
ganzen Welt, glückliche und geschickte Meister in ihrer Kunst gewesen, und sich das allgemeine Zeugniß
erworben, daß unter ihren Händen wenige gestorben,
und viele gesund worden. Um von diesen vielen zu-
sammengetragenen fremden Erfahrungen einen solchen
Nutzen zu erlangen, als wenn er sie selbst gemachet
hätte, muß ein junger werdender Arzt solche Lehrer
und Führer haben, die aus denselben und aus ihren
eigenen, die sie alle besitzen, und aus daraus gefol-
gerten practischen Sätzen, ihm Regeln an die Hand
geben, ihm die gerade Wege zeigen, die sie gegangen,
(ohne daß er auf krumme Nebenwege und Abwege
gerathen darf) durch welche er zu seinem Endzwecke,
der das Leben und die Gesundheit der Menschen ist,
glücklich gelangen kann. Richten sich junge Aerzte
nach der deutlichen Anweisung des alten Hippocra-
tis und des neueren Sydenhams, und welche in
deren Fußstapfen einhergegangen, eines Hoffmanns
und Börhaavens und anderer grossen Aerzte, die
in der Welt durch ihre Kuren berühmt worden, so
brauchen sie, wenn sie selbst practiciren, zuvor keinen
Kirchhof zu füllen, so brauchen sie keinen Menschen
zu tödten, sondern sie werden, wenn sie auch einige
sterben lassen müßen, sehr vielen nützlich werden,
und ohne sich Vorwürfe machen zu dürfen, ob sie
vielleicht da oder dort Schaden gethan, ein reines und
gutes Gewissen behalten. Sind sie noch dazu, ehe
sie selbst ihre Hand an Kranke legen, nach der Art,
wie sie die höchstselige Kaiserin veranstaltet, durch einen höchsterfahrnen und grundgelehrten Arzt, wie
mein verewigter Freund de Haen war, zu den Kran-
kenbetten geführet, und auf dessen Unkosten unter-
richtet worden, so werden sie, wenn sie zu practiciren anfangen, so angesehen werden können, als
wenn

wenn sie schon einige Jahre practiciret hätten. Ein Mensch stirbt nur einmal, das Leben ist sein vornehmstes Gut, was er besitzet, und in den Augen eines Arztes muß es immer eine sehr ernsthafte Sache seyn; mit einer Menschenhaut muß man nicht spielen. Wer wollte aber nach allem dem, was ich erörtert, nicht einräumen, daß ein nach dem Hoffmannischen und Börhaavischen Sätzen handelnder Arzt, wenn er auch jung ist, einem älteren, der auf geradewohl, und in der Hoffnung mit der Zeit in das rechte Geleiße zu kommen, Kirchhöfe füllet, unendlich weit vorzuziehen sey.

Nunmehr sey es mir noch erlaubt, einige Anmerkungen über die p. 55. befindlichen sehr guten und gegründeten Vorschläge des erhabenen Verfassers zu machen, wie die Schüler der Arzneywissenschaft eigentlich angeführet werden sollen. Eine vortreffliche und sehr weitläuftige Anweisung dazu, der nicht leicht etwas zugesetzet werden kann, hat bereits Börhaave de methodo studii medici gegeben, die Haller mit Noten in einem großen Quartanten zum allgemeinen Nutzen bekannt gemachet. Nach dieser Anweisung aber die Medicin zu studiren, wird freylich vielmehr erfordert, als daß man höchstens 3 Jahr, wenn die Stipendien nicht mehr zureichen, ohne die litteras humaniores vorher auf niedrigen Schulen erlernet zu haben, auf einer Universität zubringe; einige Collegia höre, die Hypotheses eines Lehrers, die er vorträgt, gutwillig und blindlings annehme; die gründlicheren vielleicht nicht höre; eine generelle Kurmethode sich eigen mache; für jede Krankheit einige Recepte schreiben lerne, wenn man sodenn das große D. erhalten, und mit ihm die Erlaubniß mit Krankheiten umzugehen, um Frau und Kinder zu ernähren, eine Brodtpractiß treibe; alle Kranken
über

über einen Leisten dehne; im Schweiß seines Ange-
sichts herumgehe und ermüdet nichts mehr lesen, nichts
mehr überdenken könne. Leider ist dies der gewöhn-
liche Weg; denn zum Unglücke studiren meistens nur
arme junge Leute die Medicin, um eher davon ihren
Unterhalt zu erlangen, als wenn sie die Jurispru-
denz und Theologie erwählet hätten, bey der sie länger auf eine Beförderung warten müssen. Der Verfasser hat vollkommen Recht, wenn Er sagt: bey
der Kur der Krankheiten müssen die Symptomata
sorgfältig untersuchet werden, um ihre Art oder Gattung recht zu erkennen: ich setze dazu, um eine Krankheit von der andern genau zu unterscheiden. Diese
Kenntniß aber setzet viel andere Kenntniß voraus.
Die Gesundheit bestehet eigentlich darin, wenn alle
Theile des ganzen Körpers, in einer zur Erhaltung
derselben nöthigen Uebereinstimmung, ihre Verrichtungen ausüben. Man muß also aus der Anato-
mie zuerst den Bau eines jeden Theiles genau kennen, man muß daraus, und aus dem Umlauf der
Säfte, in welchen das Leben bestehet und welches die
Gesundheit voraussetzet, die natürliche Verrichtung
aller dieser Theile einsehen, damit man sodenn den
widernatürlichen Zustand derselben oder der von dem
Natürlichen abweichet, und die Symptomen eigentlich begreifet, verstehe. Bey der Kenntniß der
Symptomen aber muß man die näheste Ursache der
Krankheit, aus der sie eigentlich entstehet, von der
Krankheit selbst und ihrer nähesten Ursache, wohl
von ihnen zu unterscheiden wissen. Diese Symptomen aller Krankheiten, die nach denselben immer
verschieden sind, machen ein sehr langes Verzeichniß aus, welches der Arzt beständig vor den
Augen haben muß. Der erhabene Verfasser
erzehlet einige und erwehnet zuerst des Pul-
ses. Galenus hat eine große Menge von un-
ter-

terſchiedenen Pulsſchlägen an die Hand gegeben,
wovon viele unnütze, von andern ſchwer zu unter-
ſcheiden, und wirklich nicht wohl zu fühlen ſind.
Der Puls iſt eine Art der Bewegung flüßiger Theile, durch Kanäle. Bey allen Bewegungen kommen nur drey Stücke in Betrachtung. Die Kraft,
welche bewegt; die Laſt, welche bewegt wird, und
die Zeit, in welcher die Kraft die Laſt bewegt. In
Betrachtung der Kraft iſt der Puls entweder ſtark
oder ſchwach; in Betrachtung der Laſt iſt er entweder groß und voll, oder klein; in Betrachtung der
Zeit iſt er entweder geſchwinde oder langſam; und
weil die Pulsſchläge hinter einander folgen, ſo ſind
ſie entweder ununterbrochen, oder ausſetzend. Dieſe
Betrachtung iſt dem Begriffe von der Bewegung überhaupt gemäß. Ein rapider oder ſchneller ſtehet dem
ſchwachen nicht entgegen, denn er kann ſehr ſchnell und
ſchwach zugleich ſeyn, dem ſtarken und violenten Puls
ſtehet nur der ſchwache entgegen. Die Reſpiration,
die zum Leben eben ſo nothwendig iſt, als der Puls
und die daher entſtehenden Symptomen, wenn ſie wi-
dernatürlich iſt, ſind ganz vergeſſen. Ich übergehe
die andern erzählten wenigen Symptomen, die mit
den Excretionen und den kritiſchen Excretionen zuweilen vermenget werden. Nur eines kann ich nicht mit
Stillſchweigen übergehen, die Art des *Marasmus,*
welcher die Krankheiten verurſachet, μαρασμος
iſt ein griechiſches Kunſtwort, dergleichen die Medicin, die eigentlich von den Griechen abſtammet, ſehr
viel hat, und heißet eine Vertrocknung, ein Ver-
welken. Dieſer Marasmus iſt ſelbſt eine Krankheit,
die alten Leuten gewöhnlich iſt, deswegen man das
Wort ſenilis faſt immer dazu ſetzet, und nicht eine
Urſache von Krankheiten. Der Marasmus iſt immer
von einerley Art, denn er beſtehet in einer Vertrocknung der kleineſten Faſern und Gefäßen des ganzen

Kör=

Körpers, denen wegen des Mangels dünner nähren=
der Säfte die natürliche Anfeuchtung gebricht; er
verursachet also durch seine verschiedene Art keine
Krankheiten, denn er gehöret nicht unter die Klasse
ihrer Ursachen, sondern er ist, wie schon gedacht
worden, die Krankheit selbst. Er wird sehr oft die
Ursache des natürlichen nothwendigen Todes, aber
von keiner Krankheit. Was der erhabene Verfas=
ser sonst von der nöthigen Unterscheidung der Tem=
peramente, und der besonder individuellen Beschaf=
fenheit des kranken Körpers, in deren Beurtheilung
der Arzt niemals auslernet, weislich erinnert, ist
unvergleichlich. Es ist gewiß, wenn Er schreibt,
daß die jungen Aesculapii nach den erhaltenen besten
Unterrichtungen keine Wunder thun, aber doch auch,
daß durch die Unwissenheit und Faulheit der Aerzte
weniger Bürger würden getödtet werden. Wunder
heißen eigentlich Begebenheiten, die die Natur und
die natürlichen Gesetze der Bewegungen, die einmal
in der Körperwelt festgestellet sind, übersteigen.
Wunder also wird man nicht wohl von Aerzten, die
eigentlich Diener der Natur sind, verlangen können.
Aber sie würden beynahe halbe Wunder thun, wenn
ihnen und ihrer Kunst überlassen wäre, nach ihrer
Willkühr alles Reizende in dem Körper unthätig,
alles Schlaffe fester, alles Strenge und Gespannte
schlaff, alles Verstopfte offen, alles Zertrennte ganz,
alles Dicke und Unbewegliche dünne und flüßig; al=
les Faule frisch, alle zusammen gewachsene Gefäß=
chen offen, den zu starken Umlauf der Säfte schwä=
cher, den zu schwachen stärker zu machen, und die
verlohrne Substanz der Theile wiederum herzustellen.
Aber in allem diesen sind dem allergrößten Arzte die
Hände gebunden, und eben deswegen wird die auf
das Höchste getriebene Arzneykunst bis an das Ende
der Welt eingeschränkt und unvollkommen bleiben:

aber

aber beswegen werden doch alle diejenigen den Arzt, den GOtt geschaffen hat, ehren, und seinen Bemüh-ungen, wenn sie das ausrichten, was sie ausrichten können; Gerechtigkeit widerfahren lassen, wenn sie zu betrachten belieben wollen, wie weit seine Künste ei-gentlich reichen können, und wo sie aufhören. Ich befinde mich nahe am Ende meiner medicinischen Lauf-bahn, weil mir die Kräfte meiner Glieder, die dem Arzte zur Ausübung seiner Kunst nöthig sind, und sich nach vollendeten beynahe 73 Jahren schwerlich mehr herstellen lassen, völlig gebrechen. Ich darf also, wenn ich auch noch einen denkenden Kopf und eine rechte Hand zum Schreiben behalte, auf viele zu erjagende Ehre und Vortheile weiter keine Rechnung machen. Doch wünschte ich für die Wissenschaft, die ich zeither ausgeübet, die Achtung, so lange ich noch lebe, befördern zu können, die sie verdienet.

Eur

unterthänigst gehorsamster Diener
Tralles.